U0499093

四川外国语大学重点人文社科项目"会计准则国际趋同对企业融资成本的影响研究"（项目编号：sisu201702）资助

彭 程 常 欢◎著

会计准则国际趋同
对企业融资成本的影响研究

KUAIJI ZHUNZE GUOJI QUTONG
DUI QIYE RONGZI CHENGBEN DE YINGXIANG YANJIU

中国财经出版传媒集团
经济科学出版社
Economic Science Press
·北京·

图书在版编目（CIP）数据

会计准则国际趋同对企业融资成本的影响研究／彭
程，常欢著. --北京：经济科学出版社，2024.1
ISBN 978 - 7 -5218 -5579 -1

Ⅰ. ①会… Ⅱ. ①彭… ②常… Ⅲ. ①会计准则 - 影
响 - 企业融资 - 研究 - 中国 Ⅳ. ①F279. 23

中国国家版本馆 CIP 数据核字（2024）第 038758 号

责任编辑：杜　鹏　武献杰
责任校对：杨　海
责任印制：邱　天

会计准则国际趋同对企业融资成本的影响研究
彭　程　常　欢◎著
经济科学出版社出版、发行　新华书店经销
社址：北京市海淀区阜成路甲 28 号　邮编：100142
编辑部电话：010 - 88191441　发行部电话：010 - 88191522
网址：www. esp. com. cn
电子邮箱：esp_bj@ 163. com
天猫网店：经济科学出版社旗舰店
网址：http://jjkxcbs. tmall. com
固安华明印业有限公司印装
710×1000　16 开　10. 25 印张　170000 字
2024 年 1 月第 1 版　2024 年 1 月第 1 次印刷
ISBN 978 - 7 -5218 -5579 -1　定价：88. 00 元
（图书出现印装问题，本社负责调换。电话：010 -88191545）
（版权所有　侵权必究　打击盗版　举报热线：010 -88191661
QQ：2242791300　营销中心电话：010 -88191537
电子邮箱：dbts@ esp. com. cn）

前　言

　　会计准则是会计工作人员从事会计工作必须遵守的基本原则，会计准则的要求和质量关系到会计工作的规范与会计信息的披露质量。在国际经济交往过程中，会计准则差异往往成为资本跨国流动的一大障碍。2001 年国际会计准则委员会（IASC）改组成为国际会计准则理事会（IASB），IASB 致力于推动国际会计准则的全球应用工作。目前，国际会计准则全球应用推广工作成效显著。2006 年中国财政部正式发布新的企业会计准则，要求所有上市公司于 2007 年 1 月 1 日开始执行新的企业会计准则。新的企业会计准则的应用和实施是基于我国社会主义市场经济发展需要、与国际财务报告准则趋同的会计准则。从微观层面讲，会计准则改革会直接对企业会计信息产生影响。

　　会计信息是现代国际经济往来中不可或缺的重要信息之一。作为一种公共信息，会计信息微观上关乎相关使用者决策的可靠性，宏观上涉及社会稳定和国计民生。一方面，保证会计信息的可靠性、可比性、相关性、可理解性和及时性，对于发挥会计信息的社会功能至关重要；另一方面，为了保证会计信息质量，会计人员生产和提供会计信息的规则必须是公开、适用、一致的，而系统、全面、具体、易理解、易操作地提供这些共同会计信息的媒介，是会计制度的内在要求。本书具体内容如下：

第 1 章是绪论，主要交代了研究背景、选题意义以及所采用的研究方法和创新点。

第 2 章详细梳理了我国会计制度的变迁历程，选择会计准则国际趋同是大势所趋，是我国市场经济建设和我国企业走向国际化舞台的必然选择。

第 3 章整理了国际财务报告准则的制定、推广和全球应用情况，并展示了全球典型国家和地区国际会计准则使用情况，可以看出国际财务报告准则被大多数国家和地区不同程度地采纳和使用，基于这一背景，研究会计准则国际趋同相关话题应该得到重视。

第 4 章是文献综述，主要回顾了国内外学者关于会计准则国际趋同的相关研究话题，为本书的后续研究奠定了文献基础。

第 5 章梳理了会计准则变革对企业财务决策影响的脉络，为本书后续实证研究夯实了理论基础。

第 6、第 7、第 8 章为实证研究部分，分别从会计信息质量、企业股权融资成本和企业债务融资成本角度实证检验了会计准则国际趋同的经济后果，为学术研究和会计实务领域提供了有力的检验证据。

第 9 章基于本书研究结论，结合我国会计准则制定原则，对我国会计准则国际趋同提出相应的对策建议。

本书的编写得到了众多人士的关心和指导，特别是四川外国语大学的各位老师给予了经常性的支持和帮助。在编写过程中，我们还参阅过国内外一些有关书籍和教材，对此我们分别作出了注释和文献标识。编者谨向所有关心和帮助过本书编写的朋友致以衷心的谢意。

由于水平所限，时间仓促，疏漏和不妥之处，敬请指正。

作　者

2023 年 6 月

目　　录

第1章

绪　　论

我国选择与国际财务报告准则趋同是基于发展我国社会经济、推进国际化进程的需要，本章主要向读者介绍本书的研究背景、意义、主要研究方法以及本书的特点，以期读者对本书有一个总体概览。

1.1　研究背景

国际财务报告准则（IFRS）是由国际会计准则理事会（IASB）制定的全球公认并可全球执行的高质量的财务报告准则。随着跨国经济业务的增长和发展，国际财务报告准则在全球范围的推行显得尤为必要和紧迫。会计准则是企业财务报告必须要遵守的基本原则，一套高质量的会计准则能够更准确地反映公司的财务状况，更好地帮助投资者作出高效的投资决策。国际会计准则理事会致力于制定一套适用于全球的提高金融市场透明度、问责制和效率的财务报告准则，并且积极推行国际财务报告准则在全球范围的使用和执行。目前，中国作为国际会计准则理事会一员，在推动国际财务报告准则的制定和执行过程中发挥着重要的作用。

中国作为经济发展大国，在吸引外资和对外投资方面持续释放强大的吸引力与发展潜力，积极参与国际经济合作和跨国经济建设也推动了中国会计准则的发展与完善，同时也逐步推动中国会计准则与国际财务报告准则持续趋同。2005～2006 年，中国建成了与中国市场经济发展进程相适应并与国际财务报告准则相趋同的企业会计准则体系。中国财政部会计准则委员会积极构建全方位的会计准则委员咨询和制定机制，坚持公开透明的原则征求相关各界专业人士的建议，对会计准则征求意见稿进行反复修改和完善，并且始终坚持与国际财务报告准则持续趋同。自 2007 年中国新的会计准则（本书称 2006 年前的会计准则为旧准则，2006 年及之后发布的会计准则为新准则）实施以来，中国财政部会计准则委员会也一直积极和国际会计准则理事会保持紧密沟通，一方面在符合中国市场经济发展的前提下积极推动中国会计准则国际趋同建设，另一方面也积极参与国际财务报告准则的制定和咨询，为推动国际财务报告准则的全球推广和应用作出了重要贡献。因此，中国会计准则体系建设和中国会计准则国际趋同值得持续关注与研究。2021 年，《会计改革与发展"十四五"规划纲要》明确提出，要全面参与企业会计准则国际治理体系建设，提高中国在会计准则国际治理体系中的参与度，加强中国与双边多边会计国际交流合作，积极发展全球会计领域伙伴关系，不断扩大会计国际交流合作范围等。这一目标顺应了国际会计发展趋势和我国会计改革发展实际，既是我国持续深化改革开放和促进资本市场发展的客观需要，也是我国积极参与全球治理体系改革和建设、不断提升我国在国际会计领域话语权和影响力的内在要求。

2008 年金融危机后，G20 峰会将制定全球统一的高质量的会计准则这一需求提升到新的高度[①]，加快了国际财务报告准则的国际趋同进程。截至 2021 年，IFRS 官网统计显示全球已有 166 个国家和地区构建了完整的会计准则体系并且选择与国际财务报告准则实现不同程度的趋同。国际财务报告准则研究是跨国家跨区域的研究，因此，研究主体具有特殊性。国际财务报告准则起源于欧盟，目的是使整个欧洲大陆的商业事务和账户都可以使用一套统一的财务报告准则。在国际会计准则理事会的推动下，致力于制定一套适用于不同国家的财务报告通用规则，这也是国际财务报告准则全球推行的困难所在。IFRS 在全球推行过程中有些国家存在踌躇犹豫的态度，这样很

---

① 吴革. 国际财务报告准则趋同的现实困境与未来展望 [J]. 会计之友，2014 (7)：4 - 11.

容易影响到其他国家的态度。国际会计准则的采用是否有利于一国的资本发展？是否能够吸引更多的外商投资和促进本国企业的跨国投资？国际会计准则在全球推行过程中是否能够平衡发达国家和发展中国家之间的利益关系？尤其是国际财务报告准则是基于欧美成熟的或者较为完善的市场经济指定的财务报告准则和要求，在全球推行过程中发展中国家或者新兴市场经济国家能否完全适应？这些问题在会计准则国际趋同过程中都是需要面对和谨慎考虑的。因此，本书选择中国会计准则国际趋同为研究对象，着重研究会计准则国际趋同对企业融资成本的影响，从而为国际会计准则在新兴经济体中推行应用后果提供有力的证据支持。

1.2　研究意义

由于会计准则的制定、修订和执行是一个动态发展的过程，对于会计准则的研究也应该持续更新。截至 2023 年 6 月我国已形成 1 项基本准则、42 项具体准则和 13 项准则解释在内的较为完善的企业会计准则体系。因此，加强对会计准则变革与企业融资成本之间的关系研究，对于完善我国会计制度、推进我国会计准则国际趋同具有实质性的参考价值。

本书的理论意义主要体现在以下两个方面：一方面，本书系统展示了国际会计准则体系构建和全球推广过程，详细梳理了我国会计准则改革和变迁历程，详尽分析了会计准则国际趋同对企业财务决策影响的路径机理，因此，本书对会计准则国际趋同这一主题进行了全面系统的研究，为该领域研究提供了扎实的理论指导，丰富了该领域的理论研究成果。另一方面，由于国际财务报告准则成长于欧美发达的资本市场，我国新会计准则的实施是否能够真正适应我国的市场环境，以及新会计准则的实施能够为我国企业经营带来哪些改变，都应该进行实证研究，检验新会计准则国际趋同带来的实际后果。通过对会计准则国际趋同经济后果的研究，既为实证检验会计准则国际趋同提供理论基础，又能够增强会计与财务管理相关学科的研究，丰富了相关领域研究成果。

本书的实践意义主要体现在以下两个方面：一方面，本书实现了理论结合实际，梳理了国际会计准则的推广实施和中国会计准则国际趋同的历程，分析了国际会计准则全球推广过程中的问题，以及中国会计准则国际趋同带来的经济后果，这一研究能够为国际会计准则全球推广和中国会计准则国际趋同实践提供指导和建议。另一方面，本书通过研究会计准则国际趋同对会计信息质量、企业股权融资成本和债务融资成本的影响，能够为上市企业财务管理协调提供参考价值，降低企业在融资过程中潜在的风险，同时，本书的实证研究结果能够为我国会计准则改革提供重要的参考价值。

1.3　研究方法

1. 归纳演绎法。该方法主要体现在文献综述部分，通过归纳演绎法对会计准则国际趋同的研究现状进行了总结分析，通过对国内外关于会计准则改革、IFRS 研究以及会计准则国际趋同经济后果研究方向文献进行总结，尤其是会计准则国际趋同对企业融资成本影响的文献，通过对此类文献进行着重研究和分析，寻找出解决企业融资成本问题的突破口，并通过进一步深入的研究来解决企业融资的实际问题。

2. 定量分析法。本书主要通过定量分析的方法对会计准则国际趋同经济后果进行量化分析，通过 Resset、CSMAR、色诺芬等专业数据库的应用以及计量模型的设计，实证研究分析会计准则国际趋同对企业融资成本和债务融资成本的影响，并根据统计结果提出切实可行的解决办法。

3. 比较分析法。本书通过对不同产权结构和不同产权性质的企业进行分组，讨论会计准则国际趋同影响下企业股权融资成本的变化差异，通过不同分组的实证结果比较，有针对性地提出政策建议，从而使新会计准则更好地服务于市场经济发展。

4. 描述性分析法。本书系统整理总结了我国会计制度从古代到现代的重大历史进程和变革，为会计准则变革研究提供了严密的逻辑基础。此外，本书系统地分析了会计准则国际趋同对企业财务决策的影响机理，为会计准则国际趋同实证研究提供了有力的理论支撑。

1.4　本书的创新点

从现有文献来看，国内外关于会计准则国际趋同经济后果的研究视角已经出现多角度、多方法、宽领域的研究特点，但大部分研究均是针对不同国家准则趋同水平和趋同程度的分析、准则变革对企业会计信息质量的改变，关于会计准则的变化对市场经济产生的实际影响研究还比较少见。本书的创新点主要体现在：

第一，通过创新研究路径，详细分析了基于代理冲突和信息不对称视角，会计准则国际趋同对企业股权融资成本和债务融资成本的影响。与已有文献研究路径不同的是，本书从理论上对会计准则国际趋同影响企业融资成本路径进行了详细梳理，为本书实证研究奠定扎实的理论基础，使会计准则国际趋同对企业股权融资成本和债务融资成本影响路径更加清晰。

第二，通过对研究样本进行详细分组，讨论了在不同股权结构和产权性质影响下，会计准则国际趋同对不同性质企业股权融资成本产生的差异影响。现有文献对会计准则国际趋同经济后果研究主要围绕会计信息质量的变化进行进一步的研究，较多考虑产权性质因素，但基于代理冲突视角考虑股权结构因素的研究还比较匮乏。

第 2 章

我国会计制度变迁分析

　　会计作为一种确认、计量、记录和考核一个经济单位财务收支的具体工作，能为管理者提供重要的决策信息，从而确保决策行为和管理活动科学有效，对市场经济发展起着非常重要的促进作用。然而，会计与会计制度的产生和发展，同人类社会的进步密不可分。随着经济活动的不断发展，会计行为和会计处理变得更复杂，经济发展对会计信息的要求也越来越严格，与之相适应的会计制度也因此不断发展和完善。本章将结合经济发展的情况，对我国会计制度的变迁以及会计准则的国际趋同进行全面的梳理，以此揭示会计制度与会计准则产生和变革的内在动因，并为其经济后果分析提供基础铺垫。

2.1　我国古代会计制度的产生与发展

2.1.1　古代会计制度的产生

　　（1）官厅会计制度的产生。最初人类计量记录行为是随着生产活动的开展而产生的，是人类社会发展到一定阶段的产物。我国会计制度的发展历史非常悠久，其起源可以追溯到夏朝。作为奴隶制的国家，夏朝的君主和奴隶主意识到，为了有效地监督奴隶的劳动，并从奴隶的劳动中获取更多的劳动产品，需要有一种规范合理的计量和记录方法。自夏朝以来，国家的统治者就将国家收支考核作为一项重要任务，并在朝廷设置"百官"职位，专门管理国家的财政收支。这样的计量、记录和考核安排，就是我国会计制度的雏形，即官厅会计。

（2）民间会计制度的产生。随着社会劳动分工的出现，社会上出现了产品余缺的现象，并伴随产品交换的发生。部分家庭和部门会不可避免地参与产品交换的过程，从而使围绕产品交换的民间核算变得尤为重要。因为只有通过核算，私人部门才能够实现保护财产并扩大财产规模的目的，同时，只有通过核算才能更为有效地管理家庭生产活动和生活。为此，围绕私有财产计量和记录的家计核算便成为迫切的现实和客观的事实。随着产品交换过程中自发形成的核算意识以及核算习惯，逐渐形成了有关会计计量和核算的制度安排，由此产生了最初的民间会计制度。据《商书·伊尹朝献》记载，在商代便出现了从事奢侈品贩运的行商。人们为了计算买卖的盈亏，通常会用"朋来"和"得贝"分别表示收入和盈利，而用"朋亡"和"丧贝"分别表示支出和亏损。[①]

2.1.2　古代会计制度的发展

（1）会计组织的发展。
①官厅会计组织的发展。
自夏朝产生最初的官厅会计以来，出于国家财政经济发展的需要，历朝历代都对官厅会计制度进行了不同程度的适应性调整。其中，西周时期则对会计管理进行了系统的设置和安排。根据相关记载，在西周的会计组织机构中，司会为计官之长，是会计的最高长官，主要负责对国家的财政收支进行全面核算，并利用账册、数字、公文、户籍、地图等文件中的副本，考核各级官吏的工作，检查并听取他们的会计报告；司会之下设有司书，具体主管会计核算，相当于现在的出纳；出纳细分为九个部门，即"九府出纳"，这

---

① 柳思维. 浅论商朝时期的商业思想 [J]. 湖南商学院学报，2009，16（1）：11 - 15.

九大部门控制了整个朝廷的财务收支。① 由此可见，到西周，我国已经出现了比较严格而系统的会计管理组织。

随着经济社会的发展，我国进入封建社会时期后，为了更好地管理国家财政的收支，秦朝开始将国家财政和皇室财政进行了分开设立，账簿分设，分开管理，从而实现了会计财计组织的一大创新。到了唐朝，为了提高财政资金的使用效率，中央政府对财计组织进行优化，并设立了专门的审计部门对财政收支予以监督。宋朝在之前的基础上第一次设置了专门的会计机构"会计司"。明朝将会计组织进行了一定的调整和优化，并设有分管会计、出纳和户籍记账的主管部门。清朝会计制度继承了秦汉时期国家财政和皇帝财政分设的财政管理体系和实行分算管理的会计管理方法，并设立了户部专门管理财政。到光绪期间，清朝将户部改为度支部，并下设十司，其中会计司专门负责会计核算和内部审计等事务。同时，在省级部门设立财政处，隶属于度支部，第一次以"财政处"命名了我国的财计组织。

②民间会计组织的发展。最初，由于经济发展极其简单，我国民间会计核算主要以家庭为单位，一般以家长附带工作形式出现。到春秋战国时期，民间商品交易的活跃促成了私商实力的成长，并出现了不少富商。此时，出现了商户雇用专门人员进行账务核算和会计计核。此时会计核算人员成为新的职业在民间兴起。到了唐代，民间的金融机构和典当行业都会聘请专职的会计人员。随着商业的繁盛，宋代富商大贾聘请专职会计人员成为普遍之事，并将此类人员称为"主管"。随着资本主义的萌芽以及商品经济的进一步发展，明清时期"账房"这一民间会计组织的轮廓日渐呈现，并逐渐成为影响业主管理经济的重要助手和参谋。

（2）会计记账方法的发展。我国古代会计记账方法最初可以追溯到西周时期的"以参互考日成，以月要考月成，以岁会考岁成"②，也就是将经济事项记录到账簿中，并在当日对经济事项加总考核，并以一个月为周期对每日账目进行汇总考核，以一年为周期对每月账目进行汇总考核。到春秋战国

---

① 许家林，贺海燕. 中国会计发展史海钩沉之五：三柱法与四柱法 ［J］. 财会通讯，2011（4）：138-139.

② 引自《周礼·天官冢宰》。

时期，开始出现了会计记账方法规则，并在每项经济活动记录之前出现了会计记录符号"出""入"两字。同时，战国时期魏文侯李悝编纂的《法经》明确了许多与会计相关的相关条款，并对会计账簿及其安全受法律保护的问题作出了明确的规定，从而在中国历史上首次明确了会计法的相关问题。到秦代，在沿袭春秋会计记账方法的基础上，进一步将"出""入"记账符号进行了补充说明，如"入粟""入钱""出禾""出皮"等。汉代会计记录的主要以流水账的方式按照时间先后顺序记录经济事项，并在一定时期进行汇总，结算余额。秦代《效律》中严格规定了账实相符，记载准确，计算无误等要求，并对会计交接、财物损耗等问题作了具体规定。到汉代，进一步明确了会计账簿的设置与分类，会计簿籍的登记方法，会计计量单位与盈利的计算，也对会计凭证、会计报告、财物的保管与盘点等方面作了规定，初步形成了一套较完备的制度。如在《上计律》中就具体规定了"上计簿"的拨出程序与时间，严令对上报不及时或者不实者治罪。到南北朝时期，我国出现了"朱出墨入记账法"，规定以红记出，以墨记入。唐代对我国单式记账方法进行了一定的完善。他们在每一笔经济事项的记录过程中虽然仍然遵循旧习，以集中反映经济事项的主要方面为主，但是出于核算需要和管理方便，并不排斥对经济事项的两个方面同时予以记录。与此同时，唐代首次出现了政府会计报告《元和国计簿》和《大和国计簿》，标志着封建财政管理和会计核算达到了一定的高度。到了宋朝，我国出现了体现中式会计方法精髓的"四柱结算法"。这一方法的出现，使会计核算能够系统科学地反映经济活动的全过程，从而实现了会计记账方法的重大突破。明代会计以记录简明扼要为主要特征，记录的前列为时间和记录符号，次列为会计事项的简要说明，最后依次列出数量、单价和金额。在明朝末年，我国出现了最早的复式记账法——龙门账。清代会计记账经历了由"龙门账"到"四脚账"的转变，继承了"四柱结算法"中结账与平账的方法，突出了中式会计记账的方法特点。

总体而言，我国古代会计制度的变迁经历了非常漫长的历史过程。随着国家的出现，产生了加强财政收入管理的需求，以此获得持续可观的财政收入，促成了官厅会计的产生和发展；随着人们商品交换的进行，产生了保护私有财产，提高财产管理效率的需求，从而自发形成了民间会计的系列非正式制度安排。在这一阶段，我国会计制度的发展是基于自身经济发展需求和发展规律而进行的独立探索和自主创新，最终形成了较为科学、系统的中式会计体系。

2.2　我国近代会计制度的发展

按照经济发展特征，近代会计制度可以分为两个不同的阶段。其一，1840 年鸦片战争到 1912 年中华民国成立。这一阶段由于"重农抑商"思想的影响，会计制度没有显著的发展。其二，1912 年到 1949 年新中国成立前。由于这一阶段经济社会获得了较好的发展，会计理论和会计制度也因此有了较快的发展，并经历了中式会计体系和西式会计体系融合发展的历程，从而第一次出现了会计制度与国外接轨。由于第一阶段会计制度并没有特别的变化和发展，下面将着重分析民国时期会计制度的发展和变迁。总体而言，这一阶段的会计发展主要体现在会计的簿记方法的发展和相关法律法规的建设。

2.2.1　会计法律的发展

与清朝时期"重农抑商"思想不同，在西方资本主义的参与和影响下，民国时期资本主义经济得到了一定的发展。为了保障资本主义的利益，促进资本主义经济的发展，民国政府在效仿西方国家的基础上产生了较强的会计制度建设动力，并在我国会计史上进行了首轮相对系统的会计制度建设。

（1）北洋政府时期会计法律的发展（1912～1928 年）。鸦片战争强硬地敲开中国大门后，整个中国经济社会发展跌宕起伏，全国有识之士通过多种形式推动中国的改革和变法。① 在袁世凯窃取了辛亥革命胜利果实之后，国

---

① 何学飞. 简析会计法的演进及其实施［J］. 湖南财经高等专科学校学报，2003（6）：75－78.

家政局混乱，面临着巨大的财政危机。为了缓解这一局面，政府被迫改良落后的会计工作，效仿日本推行了系列的会计改革。时任民国时期北京政府财政部部长的钱应清认为只有会计理发才能改变当下的混乱局面，并在《议决呈》中指出："中央财政，乌不可有根本法律以为施行之依据乎顾财政之施行，必以整理为前提，预算为中权，监督为后劲。自整理以达预算、监督，有必经之手续，即应有一定之法规。譬之车有轨轨，始可推行；日有指规，始可测影。此编订会计法之所以不容或缓也。"在钱应清的主导之下，以日本会计法律制度为蓝本，1912 年拟订了《会计法草案》。该草案共计八章三十六条，每条下有"界说"和"理由"两项作为解释。草案规定会计年度由每年八月一日起，至次年七月三十一日止，原因在于"岁入很多，岁出宽缓之时，且便于财政安排。"草案认为，"会计法的推行要与统一收支命令、统一公库出纳相配合。"并主张推行政府采购，在这个过程中规范行为，明确变通事项，其余应有严格标准。草案规定了出纳官吏的从业纪律，认为在用人方面要审慎，严密监督。出纳应承担的责任和受到的限制，必须由法律来规定。

在此基础上，后来北京政府财政部又另拟一份《草案》，更改为九章三十六条，完成了会计法的试拟。1914 年 3 月，北京政府财政部将《会计法草案》以《会计条例》的名义对外公布。同年 10 月 2 日，经北京政府参议院议决，完成立法程序之后的《会计法》正式颁行，中国历史上首部《会计法》破茧而出。由于这部《会计法》是在民国三年颁发，所以又称为《民三会计法》。

《民三会计法》全文共九章三十七条，对会计工作及会计组织作出了较为全面的规范，对总则、预算、收入、支出、决算、契约、期满免除、出纳官吏以及附则等方面作出详细规定。《民三会计法》最初规定会计年度为每年七月一日开始，次年六月三十日终止，后于 1915 年改为从每年一月一日开始到次年十二月三十一日止。在预算上，将总预算分为岁入预算和岁出预算，岁入和岁出又各分经常门和临时门，每门分款，款下分项。该法案中大约三分之二的条文为收支核算，也规定了对实际发生的收支业务进行决算。与预算相似，总决算也是分为岁入岁出两部分，再按门、款、项依次排列，但较总预算增加了一些填列内容。每年度后结束后十个月内，财政部要编制总决算，连同参考书类，送审计院审查。此外，《民三会计法》对特别会计即营利事业会计进行了规定，它与以核算收支为目的的普通会计不同，适用于造币厂、印刷局、专卖局、路电邮航等行业。总之，《民三会计法》是中国历史上的第一部会计法，是中国会计法制化的开端。但是，《民三会计法》从财政部本身业务出发，把会计立法的立足点放在预算、决算、公款收支等财务行政方面，规范财政管理的目的大于规范会计管理的目的，忽略了应当如何具体规范会计核算。同时，由于中国当时社会混乱且该法律照搬日本法律，不符合中国国情，可以说名存实亡，未得到有效推行。

除会计法之外，围绕会计计核与管理，北洋政府还相继出台了《审计处暂行章程》《审计条例》《审计法》，对审计报告制度、审计会议制度和审阅、督检、复查等制度都作出了具体规定，从而迈出了我国审计法规建设的第一步。同时，出台了《会计师暂行章程》，规定了大学商科专业毕业后，有主管会计三年以上经验者，具备申请会计师的资格。

（2）国民政府时期会计法律的发展。与北洋政府以日本会计法律制度为参照不同，国民政府时期的会计制度建设主要效仿美国和欧洲的会计法律制度。1925 年南京国民政府第一次对我国会计法进行了完善，并于 1935 年进行了第二次修改和完善。修改后的会计法内容涵盖广泛，包括通则、会计报告、会计科目、会计簿籍、会计凭证、会计人员、会计事务程序、会计报告程序、会计交代、附则等各项具体规定，共十章一百二十七条。该部《会计法》参考了美国《预算与会计法案》和北洋政府时期《民三会计法》的相关内容，它专门运用于预算单位，以强化政府在会计工作中的控制作用，保证会计工作规范化施行。该《会计法》为消除各单位机关会计制度上的分歧或不同，首次用了联合设计的方法，以便于总会计综合汇编。同时，会计法还规定会计制度不能与预决算、审计、统计法相抵触，单位会计及分会计不能与总会计相抵触，附属单位会计不能与隶属单位会计相抵触。该会计法改良了中式簿记制度，除了包括分会计、附属单位会计等事务简单的机构外，其余会计组织机构均应采用复式簿记。在会计核算上，规定以权责发生制和收付实现制为基础，采用日本会计的现金式收支分录法和欧美国家借贷复式记账相结合的方法。对于现金收付事项，采用简化的收付复式记账法处理；对于转账事项，采用借贷记账法进行复式处理。

1948 年，国民政府颁布了《商业会计法》，专门用于规范企业会计行为，共七章五十七条。在总则中规定会计基础采用权责发生制，但平时暂时采用现金收付制，待决算时再按照权责发生制予以调整，同时规定了资产、负债、资本、收益、费用各账户的标准名称、各种各样账簿表册的标准名称及通用组织格式与簿记规则，由中央主管机关确定。此外，对会计事项及凭证、账簿表册、财产估价、损益计算、决算及审核、罚则等事宜进行了规定。

2.2.2　会计簿记方法的发展

自清末开始，我国进入半殖民地半封建社会，西方列强在我国修建铁路、挖矿置业。由于各国会计制度之间存在差异，导致我国包括会计簿记方法在内的会计制度一片混乱。进入北洋政府时期，为了统一铁路行业混乱的会计制度，从自办铁路入手开始了我国第一次统一的特别会计制度改革。在此次改革中，北洋政府采用了全盘的西式簿记方法进行会计核算，并派专门专家赴美访问，制定出了改良中式会计的十项则例。在记账方法方面，统一采用借贷记账符号，实行左借右贷的横式记账方法；在会计科目设置方面，设有款、项、目、节四级科目，并进行分类编号；在会计报表方面进行了报表格式的统一规范。此次改革基本上统一了原有的不同会计科目设置和会计核算方法，为北洋政府铁路行业的发展提供了较为科学的财务信息。

与此同时，我国其他行业也开始掀起了一场对中式会计进行改革的浪潮。其中，中国注册会计师第一人谢霖，在从日本留学归国后，便着手通过引进新式银行簿记改良我国的银行会计工作。谢霖根据复式簿记原理和银行业务特点，设置了中国银行的账簿组织体系，首次采用西式账页和阿拉伯数码，并改收付为借贷。

20 世纪 30 年代，我国著名会计学家徐永祚先生，在清末民初银行会计初步改良的基础上，针对工商业界发起了改良中式簿记运动，其编著的《改良中式簿记》一书出版后颇受工商企业欢迎，纷纷采用，其所创收付记账法，在新中国成立后税算会计、商业会计中沿用至 20 世纪 90 年代。此次改良运动将中式簿记的账簿组织骨干改为两簿两表，即日记簿和誊清簿、结算表和月记表，并采取日记账和誊清账分割的办法，以适应业务经营和管理的需要。此外，徐永祚把"账目分类"作为改良中式簿记的一个要点，他主张对不同行业，应根据其特点设置不同的标准项目，并按照新式会计科目加以分类。他将整个会计项目分为两大类：一为存该项目（又名财产项目），包括资产、负债两大项；二为损益项目。第一大类为资产负债表中的基本项目，采取传统的存该抵减结算损益之法；第二大类为损益计算书中的基本项目，采取收付相抵结算损益之法。

此外，以我国著名会计学家潘序伦先生为代表的西式簿记引进派，也致力于通过引进欧洲大陆式账簿组织和英美式账簿组织等方式对我国会计进行改革。在改革过程中，大陆式账簿组织和英美式账簿组织均传入我国，在不同行业中得到运用。总体而言，大陆式账簿组织在小型工商企业和官厅会计部门运用较多，而英美式账簿组织则在大中型工商企业中推行较为普遍。他们在改革中国会计的实践中，十分注重各行各业会计科目体系的建设，并结合中国实际情况择善而从。他们将西方二账系分户法引入我国，将整个会计账户分为"财产"和"资本"两大账系，并由两大账系各自统治一个会计科目系统，构成一个科学、完善的账户体系。

总体而言，随着资本主义经济的发展，我国近代会计经历了中式会计与西式会计的大讨论、大碰撞，并在留洋派的主导下引进和吸收国外会计的先进思想，对我国传统的中式会计进行了改良，在中式会计体系和西式会计体系融合的基础上，促进了我国会计理论和实践的较快发展。

2.3　我国现代会计制度的发展

我国现代会计制度的发展是从 1949 年新中国成立开始，按照经济发展特征可以分为改革开放前和改革开放后两个阶段。第一个阶段，我国属于计划经济发展阶段，该阶段经济发展模式主要是学习苏联，因此，会计制度也是采用苏联模式；第二个阶段，改革开放后我国进入社会主义市场经济发展阶段，会计制度也因此经历了与社会经济制度相适应的探索和改革。

2.3.1　改革开放前会计制度的发展

1949 年新中国成立之初，我国经济处于恢复期，由于各类制度体系都不健全，因此，选择了照搬当时社会主义道路取得成功的苏联，会计工作也进入向苏联学习的阶段。然而，全盘照搬忽略了我国具体国情，从而出现了会计系统与经济系统之间的不适应和不兼容。为此，我国针对这一问题进行了系统的调整，规定不同所有制性质的企业以及具有不同规模的企业分别采用不同的会计制度，并着手建立统一的会计制度。

为了加强中央对全国经济的调控，自 1950 年出台《关于统一国家财政经济工作的决定》后，我国会计制度的建设工作便紧密围绕统一国家财政收支这一任务，并在同年 4 月颁布了《各级税务机关暂行会计制度》，建立了全国统一的税务会计规范。1950 年 12 月，我国又出台了《各级人民政府暂行总预算会计制度》和《各级人民政府暂行单位预算会计制度》两个文件，从而使得政府会计预算制度体系基本形成。至此，金库、税务、总预算及单位预算四个方面都有了统一的会计规范，为政府经济管理工作提供了良好的保障。此后，财政部特别设立会计制度规章审议委员会负责审议各类企业的会计制度。首先，由重工业部拟订并送审了《中央重工业部所属企业及经济机构统一会计制度》。其次，先后有铁道部、邮电部、轻工业部、纺织工业部、农业部、贸易部、交通部、卫生部、人民银行、中央合作事业管理局、出版总署等部门，共拟订了 22 个会计制度草案并送审，并于 1950 年底颁布实施，统一了相关部门和行业的会计处理。为了进一步强化对计划任务完成情况的监督，改变会计制度分部门制定和实施的状况，1952 年财政部陆续颁布实施了国营工业企业、国营企业建设单位和国营包工（施工）企业的会计核算制度，实现了会计制度按照国民经济分类的统一制定，使国家在经济考核中更为方便有效。同年，我国颁布施行了《国营企业统一会计报表及会计科目》《国营企业决算报告编送办法》《国营企业提缴折旧基金及利润的会计处理方法》，对会计处理中资产负债表格式及项目进行了分类方法设置。

到 1956 年，我国又相继颁布《国营工业企业基本业务标准账户计划》和《国营工业企业基本业务统一会计报表》，按照经济内容将会计账户分为 30 类，将会计报表分为 14 种。同时，财政部针对不同企业规模和所有制特征，于 1956 年底到 1957 年陆续出台了《中央主管部所属公私合营工业企业标准账户计划及会计报表格式草案》《地方国营工业企业基本业务建议会计制度》《地方公私合营企业基本业务简易会计制度》，至此我国会计法规体系的建设逐步完善。

1958 年，我国进入"大跃进"时期，会计法规制度一度遭到废止。此后，我国在 1959 年、1961 年先后颁布了《关于国营企业会计核算工作的若干规定》《国营企业会计核算工作规程（草案）》，并在 1962 年和 1966 年依次颁布了《国营企业会计凭证、账簿的格式和使用办法（草案）》《工业企业会计科目及会计报表格式（草案）》，将会计科目删并为 26 个，会计报表删减为 6 种，"大跃进"时期被废止的会计制度得以重新建立和实施。

1966～1978 年，受"文化大革命"影响，我国会计工作遭到了空前的干扰。会计制度被大众认为属于资本主义的产物而受到不利影响，财政部会计制度管理机构被撤销，各级主管部门和基层企事业单位的财会工作机构被撤并，基本会计核算制度被废止，全国上下会计工作处于极其混乱和半瘫痪的状态。会计工作被要求大力简化，之前建立的会计处理程序和方法被彻底抛弃。商业部于 1966 年根据试点经验刊发《我们怎样改掉借贷法实行增减记账法的》，该文着重分析了借贷记账法"晦涩难懂"、不利于群众核算和群众监督等几个问题，详细阐述了增减记账法的理论和记账规则。后经商业部召开全国财会会议讨论同意，自 1966 年起，在系统内全面废除借贷记账法，实行增减记账法。此后，工业、物资等系统也先后改行增减记账法。直到党的十一届三中全会后，会计工作重新得到国家的重视，上述现象才得以纠正，会计学科得到了新的发展。

总之，在这一阶段我国实行高度集中的计划经济体制，企业实行单一的所有制形式，采用的是统收统支体制下的资金平衡会计模式。在这一阶段，会计制度的建设虽然比较曲折，但是也为我国会计制度建设积累了宝贵的经验。整体上而言，这一阶段会计制度的建设是围绕服务计划经济体制需要，在引进苏联模式的基础上，由财政部或上级主管部门结合实际情况开展的。但是这一阶段会计法规制度仅仅属于国家行政制度，是国家用来完成经济制度的工具，会计的工作中心并不是以计量收益状况为核心，而是主要关注期末余额是否达到既定要求，从而无法彰显会计的计量与核算功能。

2.3.2　改革开放后会计制度的发展

1978 年党的十一届三中全会确定了把全国工作重点转移到社会主义建设上来。这一时期，经济体制由原来高度集中的计划经济逐步向有计划的商品经济体制转变，原有的与高度集中的计划经济相适应的会计模式已出现难以适应经济发展需要的问题，构建一个能够适应市场导向的会计模式成为我国会计领域的一个重要议题。然而，改革开放初期，我国没有对企业会计制度进行统一规范。在簿记方式方面，有采用西式簿记的，也有采用中式簿记的，还有采用改良的中式簿记的；在会计计量基础方面，有采用权责发生制的，有采用收付实现制的。由于同一行业企业在会计制度选择上各有不同，其数据并不具备可比性，也无法据以合并，为经济发展带来了一定的障碍。因此，原先统一的会计制度明显难以符合当前经济发展要求。因此，我国在学习借鉴国外会计制度的基础上，对新形势下会计制度的改革进行了深入的研究和全新的探索。具体而言，改革开放后会计制度的发展可以从以下几个方面进行分析。

（1）会计法律的建设与发展。为了强化会计法制化建设，1980 年 8 月全国人大代表在第五届全国人民代表大会第三次会议上提出制定一部比原有会计规章法令更有约束力、更加规范的会计法，以统一我国会计工作。同年10 月，财政部召开全国会计工作会议，对《会计法（讨论稿）》进行了讨论，12 月财政部向国务院上报《会计法草案》及说明，1983 年初国务院将财政部草拟的《会计法草案》在全国征求意见并组织专家讨论，4 月国务院常务会议对《会计法草案》进行审议并提出修改意见，7 月提交第六届全国人大常委会审议。经过多方面征求意见和修改后，1985 年 1 月经第六届全国人民代表大会常务委员会第九次会议审议通过了《会计法》，并于 1985 年 5 月 1 日实施。至此，诞生了新中国第一部会计法律，标志着我国会计工作从此走上法制化轨道。整部会计法共六章、三十一条，对会计的主要问题都予以了明确和说明，其中包括会计核算、会计监督、会计机构和会计人员、法律责任等问题，它的实施对规范会计行为、统一会计信息标准、改革会计制度、促进会计发展以及全国经济建设起到了非常积极的作用。

然而，这部《会计法》颁布时我国仍处于市场经济起步阶段，贯穿着较强的计划经济思维。例如，《会计法》开宗明义，在第一条就明确说明其目的是发挥会计工作在维护国家财政制度和财务制度、保护社会主义公共财产、加强经济管理、提高经济效益中的作用，在整体上遵循的是"国家利益观"而不是符合市场经济的"公共利益观"。同时，《会计法》所规定的主体是国营企事业单位、国家机关、社会团体、军队等单位，随着市场经济发展的不断深入，适用主体受到明显的限制。

随着市场经济发展的不断深入，我国于 1993 年对《会计法》进行了第一次修正。此次会计法的修正共涉及 17 处变化，虽然修改幅度不大但是具有较为深远的影响。此次修正将会计法的制定目的改为发挥会计工作在维护社会主义市场经济秩序、加强经济管理、提高经济效益中的作用，强调了对公共利益的遵循和保护，对会计在企业股份制改造、转换企业经营机制、转变政府职能、强化经济宏观调控等方面发挥积极作用，提供了必要的法律保证。同时，此次修订将适用主体扩充到包含个体工商户和其他组织，扩大了实施范围，使会计工作地位与作用更为突出，更适应我国会计自身改革及在具体事务处理上与国际通行惯例相接轨的需要。此外，企业会计行为的责任主体，由会计人员扩大到了单位负责人，减轻了企业会计人员的责任，有利于遏制单位负责人强迫会计人员进行会计造假的行为，一定程度上缓解了实务工作中会计人员的"两难处境"。

20 世纪末，我国经济也进入了全面转轨的新时期。与此同时，经济转型过程中的矛盾也愈发凸显，媒体不时曝出企业会计造假的新闻，会计信息失真的事件层出不穷、屡禁不止。资本市场的快速发展对企业会计信息质量有着越来越高的要求，这就迫切要求从法律层面进一步规范企业的会计行为，对会计造假和会计舞弊行为进行打击，从而进一步提高会计信息质量，维护资本市场的秩序。为此，我国在 1999 年对《会计法》进行了修订。此次修订的重要目的之一是打击会计造假，提高企业会计信息的真实性，改善会计信息的可靠性。与 1993 年不一样，此次修改的幅度大，只有一条未进行修订。此次《会计法》的修订第一次将企业会计行为的责任主体直接确定为单位负责人，明确"单位负责人对本单位的会计工作和会计资料的真实性、完整性负责"从而有利于从根本上解决企业会计信息造假的问题。此外，《会计法》细化了企业会计核算的确认和计量方面的规定，强调会计核算过程中应该遵循谨慎性原则，同时强调企业要建立健全本单位的内部监督机制，加强内部控制制度的建设，从而形成内部会计监督、注册会计师监督以及政府部门监督的"三位一体的会计监督体系"。

进入 21 世纪后，经济全球化得以深化，我国以前所未有的姿态参与全球化的建设中，市场经济得到了迅猛的发展。与此同时，在世界政治经济格局不断变化的情形下，我国经济主体、企业经营方式、会计服务模式都在发生新的变化。如何在新的形势下对会计规范、会计主体、会计责任等问题进行新的改变具有重要的意义。因此，我国在 2017 年开始对《会计法》修正工作进行了全面部署，于 2019 年开始实施。此次修正一方面与时俱进地对会计凭证（如电子凭证）和纸质凭证电子影像件作了相应的规定，适应了电子化与数字化的现实特征与需求。同时，强化了代理做账的资质规定，规定个人不能从事代理做账，突出会计责任承担的要求。此外，此次修正明确了会计人员的诚信管理，进一步突出了会计违规的处罚，不仅将会计从业资质与违法情况予以关联，而且规定了对单位负责人进行处罚的相关情况。修正后的会计法其具体条款更加适合经济发展对会计改革的要求，更加满足对会计信息客观性准确性的要求。

（2）会计准则的发展。会计准则是会计人员从事会计工作必须遵循的基本原则，是会计核算工作的规范。它作为规范会计账目核算、会计报告的文件，就经济业务的具体会计处理作出规定，以指导和规范企业的会计核算，保证会计信息的质量，并使会计处理建立在公允、合理的基础之上，使不同时期、不同主体之间的会计结果的比较成为可能。

自新中国成立以来到 20 世纪 90 年代初，我国一直在不断地建立和完善会计制度以指导和管理会计工作，但是并没有成文的会计准则。虽然这样的模式与产品经济特征相适应，并发挥过很好的作用，但是，随着市场经济体制的建立和发展，原有分行业、分所有制形式的统一会计制度模式变得不再那么适宜。同时，随着我国经济的不断开放，国际经济惯例和模式对我国产生着愈发重要的影响。为了便于国外企业走进来以及国内企业走出去，建立一套能够与国际惯例和国际模式相适应、相匹配的会计管理模式变得非常重要。因此，按照国际上多数发达国家的做法，制定一套规范企业会计核算的会计准则以取代统一会计制度变得愈发迫切。因此，我国对此进行了持续的改革和创新。具体可以分为以下几个阶段。

第一阶段：会计准则探索阶段（1987～1992 年）

1987 年以前，我国会计学界对会计改革进行了系列研讨，但是讨论的焦点主要集中在会计管理体制的改革，并未涉及会计准则的思考。为此，1987 年，中国会计学会成立了七个研究组，其中一个就是"会计原则和会计基本理论研究组"。该研究组于 1989 年 1 月在上海召开的会议上讨论了制定中国会计准则的必要性、会计准则的性质和内容、会计原则与现行统一会计制度的关系以及研究和制定会计准则的思路等问题，并在会后提出了《工作程序》《形成会计原则说明该和研究报告的程序》等一系列文件，并将研究组更名为"会计基本理论和会计准则研究组"，致力于研究和探索会计准则的制定工作，并向财政部有关部门提出建设性建议。与此同时，财政部会计事务管理司也于 1988 年 10 月 31 日成立会计准则课题组，并召开了准则课题组的第一次会议，研究了制定会计准则的有关准备工作。经过努力，该课题组在 1989 年 3 月发布了《关于拟定中国会计准则的初步设想（讨论稿）》和《关于拟定我国会计准则需要研究讨论的几个主要问题（征求意见稿）》，标志着我国会计准则制定工作取得了实质性的进展。

经过一段时间的研究和讨论，财政部会计准则课题组在 1990 年 4 月正式起草并提交了第一份会计准则——《中华人民共和国会计准则（草案）提纲（讨论稿）》，并分别在 1990 年 11 月和 1991 年 11 月全国会计工作会议上提交讨论和修订。最后，财政部于 1991 年 11 月 26 日下发了《关于印发〈企业会计准则第 1 号——基本准则〉（草案）的通知》，向全国广泛征求意见。为了对"基本准则"进行深入的讨论，以便正式发布和组织施行，1992 年 2 月 26～28 日，财政部在深圳市召开了第一次会计准则国际研讨会。此后，除继续修改、完善正在制定中的会计准则外，财政部为在未来更好地施行会计准则进行了一系列的宣传活动。经过长时间的准备，1992 年 11 月 30 日，经国务院批准，财政部以第 5 号部长令的形式签发了《企业会计准则》，要求 1993 年 7 月 1 日起施行，从而标志着我国基本会计准则正式建立。以会计准则取代统一会计制度的改革，初步取得成功。为方便会计实务的具体操作，财政部紧接着组织制定了 13 个行业会计制度，废止了原有的 40 多个行业会计准则。同时，1993 年下半年，财政部会计司专门成立了两个专家组（分别是德勤国际会计公司担任的国外专家组和有 10 名成员的国内专家组）从事会计准则的具体制定。

第二阶段：会计准则建立阶段（1993～2005 年）

在制定并颁布基本会计准则后，财政部进一步推进基本会计准则的实践及其操作，接下来制定了 13 个行业会计制度，同时废止了原有的 40 多个行业会计准则。但是，尽管这些制度都一再宣称是以"企业会计准则"为依据，但在思路和要求上，与原先的统一会计制度并无二致，只不过一些具体的会计处理上有所变化。因此，可以判断基本会计准则的发布虽然起到了解放思想的作用，但是并没有从根本上促进会计实务的改革。为了彻底改变这一现象，并推行真正意义上的会计准则。1993 年开始，财政部会计司集中几乎全部力量，全力推进具体会计准则的制定。为了有效推进这一工作，财政部组建了国内外专家组为会计准则的制定提供建议。自 1994 年 2 月开始，财政部会计司开始正式就具体会计准则向全国征求意见，先后就 6 批共 30 多个具体准则征求意见。在广泛征求意见的基础上，财政部最终于 1997 年陆续出台了 9 个正式的具体准则，包括关联方关系及其交易的披露、现金流量表、资产负债表日后事项、债务重组、收入、投资、建造合同、会计政策、会计估计变更和会计差错更正、非货币性交易。随后，进一步对具体会计准则进行修订和颁发，截至 2001 年共颁发 16 项具体准则。在之前的基础上，2002 年和 2003 年进一步发布了 3 项新的会计准则和 1 项修订的会计准则。2003 年，会计准则委员会成功地进行了换届改组，并进一步加快了会计准则的制定步伐。2005 年 6 月 2 日发布了修订《企业会计准则——基本准则》的征求意见稿；6 月 22 日发布外币折算、分部报告和财务报表列报 3 项具体准则草案征求意见稿；7 月 19 日发布资产减值、企业合并、合并财务报表、生物资产、石油天然气开采、捐赠与补助和投资性房地产 7 项具体准则征求意见稿；8 月 12 日发布保险合同、再保险合同、职工薪酬、企业年金、每股收益和所得税 6 项具体准则征求意见稿；9 月 21 日发布金融工具确认和计量、金融资产转移、套期保值、金融工具列报和披露 4 项具体准则征求意见稿。

这一阶段的会计准则改变了以往基于计划经济体制的会计制度模式，并通过借鉴国际惯例，对会计准则进行了系统而全面的改革，建立了一套能够符合市场经济需要的会计制度和会计核算方法，开创了国内企业实行适用商品经济会计需要的会计制度的"先河"。这一阶段会计准则基本成型，实现了我国会计核算模式的根本转变，完成了由计划经济模式到市场经济模式的转型。在保留原有会计制度的基础上，采纳了国际会计惯例，初步实现了与国际会计惯例的接轨，形成了制度与准则并存的格局。随着后续的发展，特别是国内资本市场的迅速发展以及国内经济国际化程度的提升，会计准则融入并借鉴了更多的西方发达国家的经验，适应了经济国际化要求以及资本市场对会计信息的要求，会计准则呈现出进一步国际化发展的趋势。

第三阶段：会计准则国际趋同阶段（2006 年至今）

随着我国市场经济的发展和对外开放的深入，迫切要求建立满足市场化、国际化要求的会计准则体系，提升会计准则在实际工作中的地位和作用。在之前广泛调研的基础上，财政部修订了原有的 17 项会计准则，并制定了 21 项新的会计准则，建立起了包括 1 项基本准则、38 项具体准则的与我国市场经济发展需要相适应、与国际财务报告准则充分协调、涵盖各类企业各项经济业务、可独立实施的会计准则体系。

在前期广泛调研、充分论证的基础上，财政部于 2006 年 2 月 15 日正式颁布了新的《企业会计准则》，并于 2007 年 1 月 1 日开始正式在上市公司率先实施，同时鼓励其他类型公司采用。2006 年版《企业会计准则》由 1 项基本会计准则、38 项具体会计准则和 2 个应用指南构成。38 项具体会计准则中的 16 项，是在 2001 年版《企业会计准则》的基础上进行修订和完善的，22 项为全新的。颁布新准则的目的是在于配合国家"引进来，走出去"的战略、让我国的会计准则与国际准则的可比性进一步加强、帮助我国企业向海外扩展业务，以及鼓励中国企业进行海外融资和国际合作融资。这一次修订，使我国会计准则与 IFRS 趋同程度得到进一步强化。

此后，财政部在 2010 年颁发《中国企业会计准则与国际财务报告准则持续趋同路线图》，再一次表明中国企业会计制度国际化的趋势。2012 年和 2014 年，财政部又先后两次对 2006 年版《企业会计准则》进行了增补修订。财政部在 2014 年 5 月颁发的《企业会计准则》，与《国际会计准则》非常接近。2017 年，财政部又对《企业会计准则》进行了一次重要修订，并修订了政府补助、套期会计等准则。这次的修订使我国《企业会计准则》与 IASB 之间始终保持了趋同。以套期会计为例，其颁布实现了与 IFRS 9 号准则金融工具之间的趋同。

2.4　本章小结

本章从文献分析的角度，系统梳理了我国会计制度变迁的基本历程，不仅分析了古代会计制度的产生，而且从古代、近代、现代三个维度分析了会计法律、会计簿记等相关制度的发展，并着重分析了会计制度尤其会计准则的变迁过程。本章的分析厘清了我国会计制度发展变迁的历史逻辑，明晰了会计制度变迁背后的经济逻辑，为深入理解会计准则国际趋同这一制度变革及其经济后果提供了历史依据和坚实基础。

| 第 3 章 |

国际财务报告发展历程

　　第 2 章详细回顾了我国会计制度的发展脉络，梳理了我国会计准则国际趋同的路径与进程，本章将对与国际财务报告准则相关内容进行详细的梳理，通过对国际财务报告准则制定主体和流程的详细介绍让读者对国际财务报告的发布和推行有一个系统的认识，同时还对国际财务报告准则现阶段的国际应用情况进行了罗列和展示，是本书研究的一个重要基础。

3.1　IFRS 介绍

　　一般认为，国际财务报告准则（IFRS）有广义和狭义之分。广义的国际财务报告准则是指一整套的国际会计准则理事会公告，包括由国际会计准则理事会批准的准则和解释公告以及由理事会的前身——国际会计准则委员会批准的国际会计准则和国际会计准则解释公告。狭义的国际财务报告准则是指国际会计准则理事会现时以新编号发布的一系列公告，区别于理事会的前身——国际会计准则委员会所发布的国际会计准则（IAS）系列。因此，本书遵循国际会计准则理事会的政策将国际财务报告准则简称为"IFRS"，而国际会计准则则简称为"IAS"。

　　国际财务报告准则的制定程序高度透明，每个流程都进行了公开咨询。具体的流程包括：

（1）设定议程。理事会每五年就其基本工作计划向公众进行咨询。国际财务报告准则解释委员会的工作和准则实施后审议也会为工作计划增加议题。

（2）研究项目。研究旨在评估可能的会计问题，寻求可行的解决方案并确定是否需要制定准则。通过发布讨论稿来了解公众的观点。

（3）准则制定项目。研究制定具体方案并通过征求意见稿咨询公众意见。在准则定稿或修改之前，理事会会对反馈意见进行讨论。

（4）维持。在需要时开展新准则的审议，提议修订准则并开展咨询。国际财务报告准则解释委员会也可能决定制定解释。

（5）支持准则实施。国际财务报告准则基金会支持准则的实施和一致应用，通常与负责该领域的其他机构合作。包括针对新发布的准则提供教育支持、举行会议和提供其他教育材料。

（6）国际会计准则基金会和理事会工作人员有来自全球 30 个国家和地区的 150 位工作人员。

3.2　国际会计准则理事会介绍

3.2.1　组织结构

国际会计准则理事会于 2001 年成立，取代了先前的国际会计准则委员会。国际会计准则理事会是制定及批准国际财务报告准则的一个独立私营机构，在国际财务报告准则基金会的监督下运作。自 2001 年起，国际会计准则委员会基金会将制定准则的工作交由拥有 14 位成员的国际会计准则理事会（IASB）执行。国际财务报告准则解释委员会（IFRSIC）制定有关国际会计准则理事会颁布的准则应用的解释性指引并就此征求公众意见，但由国际财务报告准则解释委员会制定的解释公告必须由国际会计准则理事会批准。国际会计准则理事会的组织构架如图 3 − 1 所示。

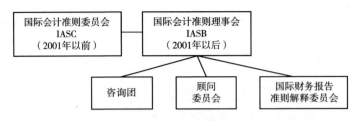

图 3-1 国际会计准则理事会的组织构架

3.2.2 主要职责

根据国际财务报告准则基金会章程，国际会计准则理事会应当：

（1）对所有国际会计准则理事会的技术事务完全负责，包括国际会计准则、国际财务报告准则和征求意见稿（均包括不同意见的内容）的起草和发布，以及国际财务报告解释委员会解释公告的最终审批。

（2）就所有项目公布征求意见稿，而且一般会对重要项目公布讨论性文件以公开征求意见。

（3）完全负责其技术议程的制定和推行及技术事务的项目安排；在组织其工作时，国际会计准则理事会可以将具体的研究或其他工作分配给国家准则制定机构或其他组织。

（4）制定在文件发布后合理期限内反馈意见的审核程序。

（5）一般会成立指导委员会或其他类型的专家咨询组，为重要项目提供咨询。

（6）就重要项目、议程决议和工作优先安排事项与准则咨询委员会协商。

（7）一般会随国际会计准则、国际财务报告准则和征求意见稿一起公布其结论基础。

（8）考虑举行公开听证会，讨论建议的准则，虽然并不要求对每个项目举行公开听证会。

（9）考虑（在发达国家和新兴市场）进行实地测试，以确保建议的准则在所有环境下均是切实可行的和可操作的，虽然并不要求对每个项目进行实地测试。

（10）负责对任何非强制性程序进行必要的解释。

3.2.3　目标

根据国际财务报告准则基金会章程，国际会计准则理事会的目标是：制定国际财务报告准则（International Financial Reporting Standards，IFRS），以提升全球金融市场的透明度、受托责任和效率，并通过增进信任、促进发展和全球经济的长期金融稳定来为公共利益服务。具体体现为：通过提高国际财务信息的可比性和质量来增加透明度，以便于投资者和其他市场参与者作出明智的经济决策；通过减轻资本提供方和受托人之间的信息不对称来强化受托责任的履行。国际财务报告准则提供了管理层履行受托责任所需要的信息。国际财务报告准则作为全球性的可比信息来源，对全球监管者同样重要；通过帮助投资者识别全球的机遇与风险，以提高经济效率，进而改善资本配置。从商业角度出发，使用统一的、可信的会计语言可降低资本成本以及减少国际报告的编报成本。

3.2.4　使命

根据国际财务报告准则基金会章程，国际会计准则理事会的使命是：会计准则是公司编制财务报表时应当遵循的一系列要求。国际会计准则理事会制定的准则被称为国际财务报告准则，供公共受托责任公司使用。国际财务报告准则解释委员会（International Financial Reporting Interpretation Committee，IFRIC）还制定了准则使用指南，被称为准则使用指南，也叫作国际财务报告解释公告。

3.3　近两年来国际会计准则的主要变化

考虑新冠疫情对全球经济活动产生的影响，近两年国际会计理事会（IASB）对国际财务报告准则作出了一些修改，本部分扼要介绍一些新准则、修改和国际财务报告解释公告，并且对这些变化产生的影响进行一些简要的描述。

3.3.1 2020 年的主要变化

1. 对于《国际财务报告准则第 3 号——企业合并》关于业务的定义的修订。该修订适用于起始日在 2020 年 1 月 1 日或以后开始的年度期间。新指引适用于处于起步阶段且尚未产生"产出"的公司，为主体评估是否存在"投入"和"实质性的加工处理过程"提供了框架。在新指引中，"产出"的定义范围被缩小，主体不再需要评估市场参与者是否能够替换缺失的要素或将购入的活动与资产整合，并且可以实施"集中度测试"，如满足该测试，则无须进一步评估。应用该修订也许会导致行业内更多的收购被作为资产购买进行会计处理，还将影响处置交易的会计处理。

2. 对于《国际会计准则第 1 号——财务报表的列报》（IAS 1）及《国际会计准则第 8 号——会计政策、会计估计变更和差错》（IAS 8）关于"重要的"定义的修订。该修订适用于起始日在 2020 年 1 月 1 日或以后开始的年度间。对 IAS 1 和 IAS 8 的修订以及因此对其他国际财务报告准则的修订主要包括：在整套国际财务报告准则和财务报告概念框架中使用统一的重要性定义、澄清关于"重要的（material）"定义的解释以及采用了 IAS 1 关于不重要信息的部分指引。该修订澄清"重要的（material）"定义，并且使国际财务报告准则的统一性有所提高，预计财务报表不会遭受重大影响。

3. 对《国际财务报告准则第 9 号——金融工具》（IFRS 9）、《国际会计准则第 39 号——金融工具》（IAS 39）、《国际财务报告准则第 7 号——金融工具：披露》（IFRS 7）关于利率基准改革的修订。该修订适用于 2020 年 1 月 1 日或以后开始的年度间。这次修订减缓了银行间同业拆借利率改革对套期会计产生的影响，根据 IAS 39 和 IFRS 9，套期的无效部分应继续计入损益表，该修订还规定了何时停止使用该规定。IAS 39 和 IFRS 9 均要求套期会计主图进行前瞻性测试，前者要求套期预期高度有效，而后者要求被套期项目和套期工具之间存在经济关系。这次修订要求银行间同业拆借利率改革不会使主体执行前瞻性测试时假设被套期项目、套期工具或被套期风险的现金流量所适用的利率基准有所改变。

4. 对《国际会计准则第 1 号——财务报表的列表》关于将负债分类为流动负债或非流动负债的修订。该修订适用于起始日在 2022 年 1 月 1 日或以后开始的年度期间。这次修订要求：

（1）如果主体在期末具有延长负债清偿至少 12 个月的权利，则该负债应当划分为非流动负债。

（2）进行评估时，主体应确定是否存在上述权利而不考虑是否行使。

（3）仅当主体在报告日符合所有相关条件时，才存在延期清偿负债得到权利。

（4）"清偿"是指用现金、其他经济资源或主体自身权益工具消除负债。

这次修订对负债划分为流动负债或非流动负债的指引进行了修改，或许会影响负债的分类，主体应该参照此次修订，重新考虑债务的现行分类。

（5）对概念框架的修订，适用于起始日在 2020 年 1 月 1 日以后开始的年度间。概念框架并非一项国际财务报告准则，不会凌驾于任何准则之上，故短期内不会带来任何变化，它将被用于未来的准则制定决策，不会对现行的国际财务报告准则产生影响。主要变更包括：强调管理层受托责任对于实现财务报告目的的重要性、重新提出审慎的概念、对报告主题进行界定、修改了"资产"和"负债"的定义、取消对确认方面的概率要求并增加关于终止确认的指引、针对不同计量基础提供的信息提供指引以及指出损益时主要业绩指标。

（6）增加了《国际财务报告准则第 17 号——保险合同》（IFRS 17）这条新准则，适用于起始日在 2021 年 1 月 1 日或以后开始的年度期间。IFRS 17 从根本上改变所有签发保险合同和具有相机分红特征投资合同的主体的会计处理。IFRS 17 适用于主体签发的保险合同、所有再保险合同以及同时签发保险合同的主体所签发的具有择机分红特征的投资合同。

这一新准则要求采用当期计量模型，该计量模型应包括经折现的概率加权估计现金流、风险调整和代表合同未实现利润的合同服务边际这三个要素。在 IFRS 17 下，作为一项会计政策选择，主体可以在损益和其他综合收益中确认折现率及其他与金融风险相关假设变动的风险。同时它还使得保险行业收入列示向其他行业看齐，IFRS 17 的披露要求更为详细，在向 IFRS 17 过渡时，主体应对保险合同组追溯适用 IFRS 17，除非不切实可行。

IFRS 17 对财务、精算及系统开发领域的影响远不及对保险行业的影响，除此之外，不论是在过渡时还是在准则生效后，该新准则还可能对税金及股利产生影响。在准则生效前，保险公司需要认真思考如何向投资者和分析师说明其关于 IFRS 17 的实施计划以及在新准则下拟采用的核心指标。

3.3.2 2021 年的主要变化

（1）《国际财务报告准则第 16 号——租赁》关于租金减让的实务简化处理延期，分别在 2020 年 5 月和 2021 年 3 月进行了两次修订。在 2020 年 5 月进行的修订中允许承租人选择实务简化处理，可选择采用与不属于租赁变更的租金减让相同的办法对租金减让进行会计处理。此次修订中提出，当且仅当承租人享受的租金减让是源于疫情的直接影响，且满足租赁付款额减让后的租赁对价几乎等于或低于变动前的租赁对价、租赁付款额的减少仅会影响于 2021 年 6 月 30 日或之前到期的付款额、租赁的其他条款和条件未发生实质性变化这三点条件时，才可以选择采用此项实务简化处理。

鉴于疫情持续的情况，IASB 于 2021 年 3 月 31 日发布了新的修订版本，该修订版本中规定，若承租人已采用之前修订中的实务简化处理，其必须继续将具有类似特征或者处于类似情况的所有租赁合同采用实务简化处理；若承租人未对符合条件的租赁减让采用上次修订中的实务简化处理，那么其不得采用新修订中的实务简化处理。

（2）对《国际财务报告准则第 9 号——金融工具》《国际会计准则第 39 号——金融工具》《国际财务报告准则第 7 号——金融工具：披露》《国际财务报告准则第 4 号——保险合同》《国际财务报告准则第 16 号——租赁》关于利率基准（IBOR）改革第二阶段的修订，该修订起始于 2021 年 1 月 1 日或以后的年度间。该修订制定了有关套期会计的例外规定（第一阶段豁免规定），第二阶段的修订发布于 2020 年 8 月 27 日，说明如何应对基准利率改革（包括以某项替代利率取代基准利率）过程中出现的问题。此次修订的性质主要在于以下几个方面：

- 因伦敦银行同业拆借利率（UBOR）改革导致合同现金流量计算基础发生变动的会计处理。第二阶段的修订为摊余成本计量的金融工具提供了一项实务简化处理，因 IBOR 改革导致合同现金流量计算基础发生变动的，主体应当按照 IFRS 9 第 B5.4.5 段更新实际利率进行会计处理。

- 套期关系中非合同明确指明的风险成分适用第一阶段豁免规定的结束日期。

- 对于受 IBOR 改革直接影响的套期关系，第二阶段的修订还提供了新的临时豁免。

- IFRS 7 对 IBOR 改革的额外披露要求。第二阶段的修订要求披露以下事项：主体对于向替代基准利率过渡的管理、进展情况以及相应风险；关于尚未向替代基准利率过渡的衍生工具及非衍生工具的定量信息；对因 IBOR 改革导致的风险管理策略改变的描述。

（3）对《国际财务报告准则第 3 号——企业合并》《国际会计准则第 16 号——不动产、厂场及设备》《国际会计准则第 37 号——准备、或有负债和或有资产》的修订，应用于起始日在 2022 年 1 月 1 日或以后的年度期间。

《国际会计准则第 16 号——不动产、厂场及设备》（IAS 16）规定，资产的成本是指将资产运抵指定地点并达到预期可使用状态而发生的可归属成本，包括测试资产是否正常运转而发生的成本。该修订还规定，主体应单独披露与非正常经营活动产出的商品相关的收入和成本金额，并且还应披露该收入在综合收益表中的报表项目。

《国际会计准则第 37 号——准备、或有负债和或有资产》（IAS 37）将亏损合同定义为，主体为了履行合同中所规定的义务而不可避免会发生的成本超过该合同预期能给主体带来的经济收益的合同。该修订规定履行合同的直接成本包括履行合同的增量成本，以及履行合同直接相关的其他成本的分摊。同时该修订还澄清，在为亏损合同计提单独准备之前，主体不应该只对专用于该合同的资产发生的减值损失进行确认，而应确认履行合同时使用的资产所发生的减值损失。

《国际财务报告准则第 3 号——企业合并》（IFRS 3）更新后引用了《财

务报告概念框架（2018）》，旨在确定业务合并中资产或负债的构成，此前它引用的是《财务报告概念框架（2001）》。

（4）对于国际财务报告准则进行年度改进（2018~2020年度），起始日在 2022 年 1 月 1 日或以后的年度期间。主要包括：终止确认金融负债的"10%"测试中的费用；对 IFRS 16 后附的示例 13 作出修订，删除了出租人支付的与租赁资产改良相关的款项的示例；对 IFRS 1 作出修订，规定了采用此 IFRS 1 豁免的主体还可以基于母公司过渡至国际财务报告准则的日期。取消了《国际会计准则第 41 号——农业》中，主体在计量公允价值时不应包括因税务而发生的现金流量。

（5）对《国际会计准则第 1 号——财务报表的列表》关于将负债分类为流动负债或非流动负债的修订，该修订起始日在 2023 年 1 月 1 日或以后的年度期间。此次修订修改了将负债划分为流动负债和非流动负债的指引，可能会对负债分类有所影响，同时也可能对还款契约测试日期与报告日不同的主体产生影响。主体应依据此次修订重新考虑债务的分类，并确定是否要作出改变。

（6）对《国际会计准则第 1 号——财务报表的列报》《国际财务报告准则实务说明第 2 号——作出重要性判断》《国际会计准则第 8 号——会计政策、会计估计变更和差错》的修订，该修订起始日在 2023 年 1 月 1 日或以后的年度期间。IASB 在《国际会计准则第 1 号——财务报表的列报》要求公司披露重要会计政策信息，并且澄清若没有此类会计政策信息，报表使用者将很难理解财务报表的其他重要信息。为了支持这次修订，理事会还修订了《国际财务报告准则实务说明第 2 号——作出重要性判断》来为应用跨级政策披露重要性概念提供指引。而《国际会计准则第 8 号——会计政策、会计估计变更和差错》的修订则澄清了如何区分会计政策变更与会计估计变更。这次的修订未来将帮助公司改进会计政策的披露并且区分会计估计变更与会计政策变更，但不会对主体编制财务报表产生重大影响。

（7）增加了《国际财务报告准则第 17 号——保险合同》（IFRS 17）这一新准则，该准则起始日在 2023 年 1 月 1 日或以后的年度期间。IFRS 17 针对保险合同引入了统一的会计要求，从根本上改变所有签发保险合同和具有相机参与分红特征投资合同主体的会计处理。IFRS 17 适用于主体签发的保险合同、签发和持有的所有再保险合同以及同时签发保险合同的主体所签发的具有相机参与分红特征投资的合同。

IFRS 17 要求采用当期的计量模型，该计量模型需包括：经折现的概率加权估计现金流、风险调整和代表合同未实现利润的合同服务边际。在 IFRS 17 下，作为一项会计政策选择，主体可以将折现率以及其他与金融风险相关假设变动的影响在损益和其他综合收益中确认，它还使得保险行业的收入列示向其他行业看齐。IFRS 17 对财务、精算及系统开发领域的影响远不及对保险行业的影响，除此之外，不论是在过渡时还是在准则生效后，该新准则还可能对税金及股利产生影响。收集储存及分析数据的方式可能需要发生根本性的变化，在准则生效前保险公司需要认真考虑如何向投资者及分析师说明其关于 IFRS 17 的实施计划以及新准则下拟采用的核心指标。

3.4　IFRS 全球应用情况——典型国家代表

国际财务报告准则的全球发展与应用：截至 2021 年，国际会计准则理事会已评估全球 166 个国家或地区在不同程度上使用国际财务报告准则。其中有 144 个国家或地区要求所有或者大多数受托责任公司使用 IFRS，13 个国家或地区承诺要求所有或者大多数受托责任公司使用 IFRS，8 个国家或地区拥有自己的会计准则并选择与 IFRS 趋同，1 个国家要求所有的金融公司使用 IFRS。在全球 88 个主要股票交易市场有 27 000 个上市公司使用 IFRS。IFRS 全球应用情况如表 3 - 1 所示。

表 3 - 1	IFRS 全球应用情况	单位：个
地区	要求使用 IFRS 的国家或地区	承诺使用 IFRS 的国家或地区
非洲和中东地区	49	1
美洲地区	27	8
亚洲和大洋洲	25	3
欧洲	43	1

以下是作者在对 IFRS 官网上公布的国际财务报告准则全球应用情况进行的整理，供读者参考。

3.4.1　亚洲

IFRS 亚洲典型国家应用情况如表 3 - 2 所示。

表 3 - 2　　　　　　　　IFRS 亚洲典型国家应用情况

国家	准则制定方	准则趋同历程	准则使用情况
新加坡	新加坡会计准则理事会（ASC）	新加坡财务报告准则（SFRS）于 2005 年采用了 IFRS 的框架，并于 2014 年发表声明称，将与 IFRS 于 2018 年实现全面趋同	要求在新加坡上市的本国公司使用 SFRS；允许在新加坡上市的外国公司和本国中小企业使用 SFRS（统计更新于 2016 年 6 月 16 日）
日本	日本会计准则委员会（ASBJ）	自 2005 年以来，国际会计准则委员会（理事会）和 ASBJ 一直在共同努力，实现《国际财务报告准则》和日本普遍接受的会计准则（日本公认会计原则）的趋同。这项工作于 2007 年与《东京协定》正式签署。 ● 2015 年 6 月 30 日，日本启动了一套新的会计准则，称为日本修改后的国际标准，使日本上市公司可能使用的不同会计准则达到 4 个。这 4 个框架是： ➤ 国际财务报告准则。几乎所有为上市目的编制合并财务报表的上市公司和非上市公司都被允许使用《国际财务报告准则》。（这意味着由 FSA 专员指定的《国际财务报告准则》） ➤ 日本公认会计原则由 ASBJ 发布。从历史上看，大多数上市公司都使用日本公认会计原则。 ➤ 日本修改后的国际标准（JMIS）。会计准则包括国际财务报告准则和 ASBJ 修订。JMIS 是根据《国际财务报告准则》标准开发的，其删除和修改由 ASBJ 确定。在 2015 年 6 月 30 日发行 JMIS 同时，ASBJ 公布了有关商誉摊销和其他综合收入回收的修改。 ➤ 美国公认会计原则。经 FSA 专员许可	允许在日本上市的本国公司使用 IFRS，但不强制；在日本上市的外国公司要求使用 IFRS（统计更新于 2020 年 9 月 11 日）
韩国	韩国会计准则委员会（KASB）	1997 年韩国政府承诺改进公司治理和信息披露，并积极推进韩国会计准则与国际财务报告准则的协调一致； 2006 年，韩国会计准则已经与国际财务报告准则实现 90% 的一致性； 2012 年欧盟委员会认可韩国会计准则与国际财务报告准则具有同等效力	要求在韩国上市的本国公司使用 IFRS；允许在韩国上市的外国公司使用 IFRS（统计更新于 2017 年 6 月 23 日）

续表

国家	准则制定方	准则趋同历程	准则使用情况
印度	印度特许会计师协会（ICAI）	2006 年，制定了趋同项目的讨论稿； 2009 年，制定了 2011 年趋同路线图，但因全球金融危机而被推迟； 2014 年，宣布印度会计准则（IndAS）从 2015 年起 IFRS 趋同； 多次作出趋同承诺，但截至 2020 年仍未实现与 IFRS 的标准趋同	统计更新于 2019 年 10 月 11 日

3.4.2　大洋洲

IFRS 大洋洲典型国家应用情况如表 3 – 3 所示。

表 3 – 3　　　　　　　　　　IFRS 大洋洲典型国家应用情况

国家	准则制定方	准则趋同历程	准则使用情况
新西兰	新西兰外部报告委员会（XRB）	新西兰所采用的《国际财务报告准则》（NZ IFRS）与国际财务报告准则标准完全一致。	要求新西兰上市的本国公司和外国公司使用 NZ IFRS（统计更新于 2019 年 3 月 29 日）
澳大利亚	澳大利亚会计准则委员会（AASB）	澳大利亚自 2005 年 1 月 1 日起采用国际财务报告准则。1994 年，AASB 发布《澳大利亚—新西兰协调政策》，开始了澳大利亚会计准则国际协调步伐。澳大利亚在 2005 年首次采用《国际财务报告准则》时，澳大利亚会计准则委员会对《国际财务报告准则》作了一些修改，包括取消会计政策选择和增加披露。2007 年，AASB 批准了一项"修订标准"，取消了 AASB 最初将其作为 IFRS 标准的澳大利亚等效物时对 IFRS 所做的更改，这些修正案于 2007 年 7 月 1 日生效，但在生效时仍有一些额外的披露	要求在澳大利亚上市的本国公司使用 IFRS；允许在澳大利亚上市的国外公司使用 IFRS（统计更新于 2017 年 6 月 23 日）

3.4.3　非洲

IFRS 非洲典型国家应用情况如表 3 – 4 所示。

表 3 - 4   **IFRS 非洲典型国家应用情况**

国家	准则制定方	准则趋同历程	准则使用情况
埃及	投资和国际合作部（私营部门公司）和中央审计组织（公共部门公司）；埃及会计师协会审计师（ESAA）；埃及金融监管局		允许在埃及上市的外国公司使用 IFRS，对本国上市公司没有要求（统计更新于 2017 年）
肯尼亚	肯尼亚注册会计师协会（ICPAK）		要求肯尼亚上市的本国公司、外国公司和政府控股的中小企业均使用 IFRS（统计更新于 2016 年 6 月 16 日）
尼日利亚	尼日利亚财务报告委员会（FRCN）	尼日利亚联邦执行委员会于 2010 年 7 月 28 日采用了国际财务报告准则，自 2012 年 1 月 1 日起生效	要求尼日利亚所有上市公司和其他公共企业团体使用 IFRS；允许中小企业使用 IFRS（统计更新于 2016 年 6 月 16 日）

3.4.4 南美洲

IFRS 南美洲典型国家应用情况如表 3 - 5 所示。

表 3 - 5   **IFRS 南美洲典型国家应用情况**

国家	准则制定方	准则趋同历程	准则使用情况
巴西	巴西会计公告委员会 巴西证券交易委员会	2007 年 12 月，第 11.638/07 号法律修订了第 6.404/76 号法律（巴西公司法），要求巴西会计准则符合《国际财务报告准则》。2010 年 1 月 28 日，巴西联邦会计委员会和巴西会计公告委员会与国际会计准则局签署了一项谅解备忘录，将 2010 年底定为与《国际财务报告准则》完全趋同的目标日期，并为各组织今后的合作建立了框架	要求巴西上市的国内外公司和中小企业均使用 IFRS（统计更新于 2017 年 3 月 28 日）

国家	准则制定方	准则趋同历程	准则使用情况
哥伦比亚	公共会计技术理事会（CTCP）	根据 2009 年 7 月 13 日第 1314 号法律，哥伦比亚根据以下时间表通过了《国际财务报告准则准则》： ➤ 2015 年，证券上市的所有公司实行《国际财务报告准则》完整标准； ➤ 2016 年，第一集团以外的大中型企业采用中小企业标准国际财务报告准则； ➤ 2015 年，国家信息金融公司（NFIM）是哥伦比亚 CTCP 为微技术开发的一项新标准。微观公司也可以选择《中小企业国际财务报告准则》。 适用主体范围不断扩大，目前已实现会计标准的趋同	要求在哥伦比亚上市的本国公司、根据 IFRS 标准进行财务报告的大公司的子公司、进出口公司、国有/政府控股公司使用 IFRS；银行和其他金融机构使用 IFRS 可以进行适当修改；允许在哥伦比亚上市的外国公司使用 IFRS；要求哥伦比亚除微型企业以外的小型企业使用 IFRS（统计更新于 2016 年 6 月 16 日）

3.4.5　欧洲

IFRS 欧洲典型国家应用情况如表 3-6 所示。

表 3-6　　　　　　　　　　IFRS 欧洲典型国家应用情况

国家	准则制定方	准则趋同历程	准则使用情况
德国	德国会计准则委员会（DRSC）	1993 年派代表参加了国际会计准则委员会（IASC）理事会，逐渐参与到会计国际化协调中。从 1998 年 1 月 1 日至 2004 年 12 月 31 日，德国上市集团获准适用国际财务报告准则或美国公认会计准则。截至 2005 年 1 月 1 日，DAX 30 指数中有 28 家已采用 IFRS 标准或美国公认会计准则。 虽然德国国内存在的会计标准 HGB 越来越趋同 IFRS，但是两者还是有一些明显的差异，完全意义上的会计标准趋同仍未实现	要求在德国市场上进行证券交易的本国公司在合并报表中使用 IFRS；要求在德国的外国公司在合并报表中使用 IFRS 或者与 IFRS 等同的准则（统计更新于 2016 年 7 月 18 日）
法国	会计标准管理局（ANC）	法国已经采用《国际财务报告准则》；欧盟 IAS 法规要求从 2005 年开始，对在受监管证券市场进行证券交易的欧洲公司的合并财务报表适用欧盟通过的《国际财务报告准则》	要求在法国市场上进行证券交易的本国公司在合并报表中使用 IFRS；要求在法国的外国公司使用 IFRS 或者与 IFRS 等同的准则（统计更新于 2016 年 7 月 18 日）

国家	准则制定方	准则趋同历程	准则使用情况
英国	商务、能源和工业战略部（BEIS）、金融行为监管局和英国国际财务报告准则委员会	2004 年，英国政府作出承诺，将致力于政府会计准则与国际会计准则（IAS）的趋同。从 2006 年起，在英国公认会计原则（UK GAAP）与国际财务报告准则（IFRS）相趋同的促进下，形成以国际财务报告准则为基础的政府财务报告手册。中央政府部门及 NHS 在 2009 ~ 2010 年财务报告中完全执行了 IFRS，地方政府在 2010 ~ 2011 年财务报告中执行了 IFRS。2020 年 1 月 31 日，英国退出欧盟，进入过渡期。在过渡期内，各实体将继续采用欧盟采用的国际财务报告准则。在过渡期结束后，即 2020 年 12 月 31 日，欧盟采用的现行国际财务报告准则将纳入英国国内法	要求在英国市场上进行证券交易的国内公司在合并报表中使用 IFRS；在英国市场上进行证券交易的外国公司可以选择使用 IFRS；英国和爱尔兰中小企使用 IFRS 中小企业财务报告准则，但是爱尔兰的准则相较于 IFRS 有重大修改（统计更新于 2021 年 9 月 3 日）

3.4.6　北美洲

IFRS 北美洲典型国家应用情况如表 3 – 7 所示。

表 3 – 7　　　　　　　　　IFRS 北美洲典型国家应用情况

国家	准则制定方	准则趋同历程	准则使用情况
美国	美国证券交易委员会和财务会计准则委员会（FASB）	美国拥有一套会计准则体系（US GAAP），也承认 IFRS 能够作为美国市场的一套标准，但是美国财务会计准则委员会（FASB）仍然在对国际财务报告准则的一些项目进行审阅和评估，尚未达成会计标准的趋同	要求美国国内上市公司必须使用美国会计准则；允许在美国注册的外国中小企根据 IFRS 编制报表；是否要求国内中小企业使用 IFRS 态度不明确，既没有明确要求，也没有明确表达许可，同时也没有禁止使用（统计更新于 2017 年 4 月 27 日）
加拿大	加拿大会计准则委员会（ACSB）	从 2011 年，加拿大上市的公司开始采用国际财务报告准则（IFRS），以替代原先执行的加拿大公认会计准则（Canadian GAPP）	要求加拿大本国实体公司使用 IFRS，但是在美国证交会发行的加拿大实体和被实施价格监管的公司可以选择使用美国会计准则；如果外国公司属于美国证交会，则可以选择使用美国会计准则，如果外国公司属于加拿大证券监管机构管辖范围，则可以使用自己国家的会计准则，否则需要使用 IFRS（统计更新于 2023 年 10 月 3 日）

续表

国家	准则制定方	准则趋同历程	准则使用情况
墨西哥	墨西哥财务报告准则委员会	墨西哥国家银行和证券委员会（CN-BV）对金融机构和保险公司以外的上市公司采用国际财务报告准则，自2012年1月1日或之后的年度报告期生效。自2008年起允许提前申请。金融和保险行业的公司使用墨西哥财务报告标准（MFR）以及CNBV和国家保险和担保委员会（CNSF）制定的某些要求。但CINIF专门设立了一个融合项目，以消除MFR和IFRS标准之间的差异。完成后，CINIF预计，证券未公开交易的国内公司采用的MFR将与IFRS标准"非常相似"。总体来说，已完成了趋同，属于金融和保险行业的会计标准也有极其强烈的趋同意愿和具体措施	要求在墨西哥上市的本国公司必须使用IFRS，金融机构和保险公司必须使用本国准则；在墨西哥上市的外国公司可以选择使用IFRS或者美国会计准则；没有要求中小企业使用IFRS，大部分中小企业使用的是墨西哥本国准则（统计更新于2016年6月16日）

3.5　本章小结

国际财务报告准则全球应用与趋同势不可当，IFRS的全球推广和应用是企业参与全球化竞争的"润滑剂"。本章主要对国际财务报告准则的制定和全球推广应用情况进行介绍，对一些容易混淆的概念进行阐明。从IFRS的全球应用情况来看，全球已有160多个国家和地区在不同程度上使用IFRS，那么IFRS在不同国家的适应性如何应该成为学术界关注的重要课题。本书接下来的章节主要从企业融资的角度梳理和验证中国选择会计准则国际趋同所带来的经济后果。

| 第 4 章 |

会计准则国际趋同研究文献综述

IFRS 的全球推广和应用引起了业界与学术界的广泛关注，国内外学者分别从多个角度对会计准则国际趋同进行研究。从国际财务报告准则体系的构建到如今全球的推广应用，这一过程中除了对财务报告的制作和呈现产生实际的影响，也对学术界关于会计准则国际趋同研究方向产生动态变化的影响，本章就近些年来国内外会计准则国际趋同的学术研究进行梳理，为本书的实证研究部分提供坚实的文献基础。

4.1　会计准则国际趋同研究现状

一般认为，会计准则国际趋同主要分为形式（准则）趋同和实质（实务）趋同，形式趋同是实质趋同的前提，实质趋同是形式趋同的目标和方向。会计准则趋同程度的衡量，现在研究方法相对完善。目前使用最多的测量趋同水平的方法主要分为距离分析法和相关系数分析法。其中，距离分析法主要包括马氏距离测量法、欧式距离测量法。王志安等（2005）在改善了马氏距离法缺陷的基础上，使用平均距离测量法来分析中国会计准则与国际财务报告准则的趋同程度，最终发现关于会计准则的协调程度中，与计量相关的会计准则的国际趋同程度要比与披露准则相关的协调程度高。张国华等（2007）提出使用欧氏距离平均值法来进行实际检验，并测量中国会计准则与国际财务报告准则的协调程度。

通过对现有文献的整理发现，在我国新会计准则实施前，较多地使用距离分析法来衡量我国会计准则与国际财务报告准则之间的差异。而我国新的会计准则在 2007 年实施以后，关于会计准则国际趋同度量方法的尝试也越来越多。主要是在 Jaccard 相似系数法和 Spearman 相关系数分析法的基础上加以改进后进行测量。杨钰和曲晓辉（2008）修订了 Jaccard 系数，使用详细的准则对比点，分阶段定量考察了自 1998 年以来我国会计准则与国际财务报告准则的趋同度变化趋势，发现目前实施的新会计准则绝大部分项目均已实现与国际会计准则趋同，整体上达到了实质趋同。张国华和曲晓辉（2009）又针对现有度量方法的不足和会计准则的特点创造性地提出了模糊聚类分析法，在对比点、度量方法以及度量内容等方面进行了大胆创新，为会计准则国际趋同度量方法提供了新思路、新方法。吴革等（2013）则在总结已有研究方法基础上，根据多元统计分析理论对中国会计准则国际趋同程度进行测量：在参数设计上对 Jaccard 系数赋值指标进行了改良，在操作方法上对比较过程中方法的选择、比较点的设置进行了详细的阐述，最终发现中国会计准则与国际财务报告准则仍有很大差异。吴革和李彤（2016）在之前研究经验基础上采用 Spearman 相关系数法对我国 35 项具体会计准则国际趋同程度进行详细测量，最终发现中国企业会计准则（CAS）与 IFRS 整体上达到中度趋同，但单项具体准则差异还比较大，其中最新修订的准则趋水平则会越高。

对会计准则国际趋同水平进行对比研究，能够为提高我国会计准则国际趋同进程提供极高的参考价值。通过对会计准则趋同程度测量方法的总结可以发现，测量方法是与时俱进的。为了更好、更准确地测量出会计准则国际趋同水平，国内外学者在不断地改进测量方法，适时增加相关变量，使度量方法更为科学、结果更加可靠。

实施会计准则国际趋同后，会计实务操作必然也逐渐实现国际趋同。就会计准则国际趋同测定方法选定方面，国际上曾经明确提出使用指数法（H指数、C 指数和 I 指数）来测定会计实务选择的相似程度。后来埃蒙尼奥努和格雷（Emenyonu and Gray，1992）认为指数法缺乏统计检验，他们提出了采用统计检验中的非参数卡方检验来衡量国际会计实务协调程度。陈兴秀（2010）从会计计量的测度角度出发，借鉴非参数卡方检验方法来研究我国会计准则的实务趋同，最终发现固定资产、固定资产折旧、无形资产、外币交易折算均已实现与国际财务报告准则的实质趋同，取得了很好的检验效果。龙月娥（2010）从我国企业投资者角度出发，对中国新会计准则实施的最终效果进行了研究，最终发现，在财务报告编报方式从信息观向计量观转变的同时，投资者依然关注企业的盈利指标，对会计信息的关注点并未随着会计准则国际趋同而发生同步转变，说明中国的企业投资者对于会计准则影响的反应有一定的时间误差。而国内学者对会计准国际趋同效果进行实证检验时较多地使用双重披露差异分析法。通过使用这一方法来比较在 CAS 和 IFRS 两套会计准则规定下我国上市公司净利润、净资产、净资产收益率等指标的差异程度，如王建刚等（2009）、王天东等（2011）、刘永泽等（2012）、王冬梅等（2012）、贾兴飞等（2013）研究结果均表明我国会计准则均实现与国际会计准则的实质且持续趋同。

除此之外，随着"互联网＋"产业技术的发展，也有学者结合时代发展背景，研究"互联网＋"环境下企业会计准则的执行情况，并且讨论在该背景下会计准则变革如何更好地服务于当前"互联网＋"的经济状况。李闻一等（2017）研究了"互联网＋"对企业会计准则的影响，并针对会计计量以及财务报表披露等事项进行讨论，最后针对会计准则自上而下的制定困境提出政策建议。

综上所述，无论是基于价值相关性还是基于会计计量角度都反映出我国会计准则国际趋同取得了较好的效果，并且已实现与国际会计准则的持续趋同。虽然从会计信息实际影响上来看，投资者的关注点主要是企业盈利能力，而会计准则国际趋同事件并未引起投资者的足够重视，但这并不能影响会计准则的国际趋同进度和实施情况。

4.2　会计准则国际趋同经济后果研究

会计准则的实施会产生经济后果，由于企业是会计准则的执行者，市场经济运行是会计准则实施的承担者。因此，会计准则国际趋同对企业和市场经济都会产生不同程度的影响。随着我国新会计准则的实施，近年来更多学者将会计准则研究内容更加分散化，主要体现在会计准则实施后对企业实际盈余管理、会计信息披露变化、高管薪酬等影响的研究上。在研究方法上更加倾向于结合证券市场进行实证检验和分析，从而为我国新会计准则的发展提供更加有益的建议，也为市场经济的良好运行提供更加有力的证据支持。

4.2.1　经济后果学说的兴起和发展

斯蒂芬·泽夫（Stephen A. Zeff，1978）在《"经济后果"兴起》一文中指出，经济后果是指会计报告对企业、政府、团体、投资人和债权人决策产生的影响，并且，这些个人或团体的行为会影响到其他人的利益。事实上，任何经济政策的实施都会产生一定的经济影响。从会计准则内容和体系上来看，不同的会计准则所规定的会计计量属性、会计信息传达目标以及内容规定下，所产生的会计信息也会不一样。而企业会计信息又是企业投资者、管理者以及债务人所关注的重要对象。在不同会计信息的引导下与企业利益相关的群体均会作出相应的决策和选择，进而对社会资源的分配产生影响。

会计准则国际趋同之后会对企业、市场以及相关利益团体产生一定的影响。会计准则国际趋同意味着各国会计理念、计量属性、具体准则等都向国际财务报告准则（IFRS）靠拢，从而减少世界上不同国家和地区由于会计核算不同带来的摩擦，降低会计信息不同带来的经济成本。自1970年以后，国外关于会计准则国际趋同研究的文献逐渐增多，对于经济后果学说的内涵研究主要体现在会计准则与各相关利益团体之间的博弈。在中国，会计准则由政府制定，企业是会计准则的执行者，但是在执行准则的过程中出于企业利益的考虑，可能会对政策的解读和理解存在一定的偏差，因此，会计准则国际趋同对企业的影响是否与会计准则制定目标相一致，以及会对企业的执行情况会对市场经济的运行和社会资源的配置产生怎样的影响，都是学者进行相关研究的关注点。

通过对现有文献的整理发现，针对会计准则国际趋同经济后果的研究主要表现在对会计信息质量会产生最直接的影响、对企业管理产生影响、影响到资本市场尤其是企业投资效率。本部分分别从这三个角度五个方面对现有的文献进行了梳理。

4.2.2　会计准则国际趋同与会计信息质量研究

国际会计准则委员会（IASC）提出，会计信息的主要特征包括对信息使用者有用的财务报表信息的各种特征。根据美国 FASB 相关规定，会计信息质量主要包括会计信息相关性、可靠性、可比性、可证性、可理解性等方面的要求。

会计准则国际趋同的主要目标是提高不同国家和地区间会计信息质量的可靠性和可比性，降低企业跨国跨地区经济交往过程中会计信息不通带来的经济成本。巴尔托夫等（2002）以德国上市公司为样本分别比较了德国会计准则、美国会计准则以及 IFRS 不同会计准则规定下的公司会计信息价值相关性，结果发现，采用美国会计准则价值相关性最高，采用德国会计准则价值相关性最低，这说明美国会计准则和 IFRS 能够提高会计信息价值相关性；然而范德等（2007）通过对德国上市公司研究发现，虽然采用美国会计准则提供的会计信息比采用 IFRS 提供的会计信息更能增强公司盈余可预见性，但两套不同准则体系下所提供的企业信息并不完全一致，甚至在价值相关性方面还会有偏差。由于德国会计准则是以法律形式进行规定的，而国际财务报告准则是原则导向型，由于德国严谨的文化传统，所以德国目前对于国际财务报告准则的接受程度还处于初级阶段。因此，在德国，对于会计准则国际趋同的研究还是比较谨慎，对这一关联性事件的研究还应该考虑市场环境、文化环境、执行环境、公司理念等因素的影响，不能以偏概全。

考虑到会计信息质量的不同体现方式，国内学者多维进行实证研究。其中漆江娜等（2009）、陆正华等（2011）、陈春艳（2014）、顾水彬（2015）基于价值相关性角度研究发现，我国会计准则国际趋同能够有效改善会计信息质量，提高会计信息价值相关性。刘晓华等（2015）基于信息不对称和盈余管理角度利用双重差异法研究发现我国实施新会计准则之后能够有效减少公司信息不对称，提高公司盈余管理质量。但是赵耀等（2014）基于会计观念带来的变化角度，来检验我国会计准则国际趋同经济后果。结果发现，新准则大量引入公允价值和资产负债观，为会计从业人员提供了较大的自主选择余地，如果监督不完善或者执行机制管理体系有所疏漏，就会适得其反。易阳等（2017）主要通过 A 股与 H 股、港股会计准则国际趋同前后的财务报告可比性进行研究，发现会计准则国际趋同后 A 股财务报告的可比性得到了显著的提升，并且 A 股公司所在地区的市场环境越低，会计准则国际趋同带来的财务报告可比性提升越大，但是研究结果并没有发现会计准则国际趋同能够吸引更多的境外机构投资者。

从以上文献分析来看，在不同会计准则体系下会计信息质量会有差异，但是我国选择会计准则国际趋同，新会计准则的实施对企业会产生怎样的影响，基于实证检验和理论分析得出的结论可能会有偏差。最重要的原因是新会计准则大量引入公允价值这一计量属性，为我国会计工作人员带来了新的挑战。在实证研究中，通过对上市公司的财务数据进行回归分析，得出更加客观的实证结果。但是，由于会计准则的执行还会受到执行机制、市场环境、公司特征、股权结构、法律环境等因素的影响，并且选取不同的角度、不同的变量也会产生不同的结果，因此对于这一经济后果研究角度和方法的科学性方面还有待进一步完善和检验。

4.2.3 会计准则国际趋同与盈余管理研究

不同的会计准则对会计工作人员实务操作有不同的要求。王华（2015）认为，更高质量的会计准则能够为会计工作人员提供严格的会计规定和有限的选择范围，能够在一定程度上限制会计工作人员的主观判断行为；而为会计工作人员提供较大职业判断空间的会计准则则会为管理层进行利润操控提供较大的空间。中国 2007 年以前的会计准则三大理念表现为受托责任观、历史成本观和利润表观，2007 年开始使用的会计准则理念为决策有用观、公允价值观和资产负债观，尤其是公允价值的引入对会计从业人员职业判断有更高的要求，同时又受到资本市场完善程度的影响，企业会出于对自身利益的考虑合理酌情对公允价值的使用进行处理，因此，就有学者从企业盈余管理水平角度来研究中国会计准则国际趋同经济后果。

吴克平和于富生（2013）基于改进的修正琼斯盈余管理计量模型，利用上市公司的相关财务数据，从整体上揭示会计准则与盈余管理的关系，发现会计准则并未显著遏制上市公司的盈余管理。然而陈春艳（2014）、吴革等（2014）使用同样的模型，用可操控性应计利润来衡量公司的盈余管理程度，研究结果均发现会计准则国际趋同后公司盈余管理水平得到显著提升。戴德明和陈放（2009）以2007年会计准则实施后特定上市公司为研究对象，研究了存在扭亏为盈的上市公司财务数据，通过研究发现在该类上市公司的盈余管理中，企业大多通过对营业外收入进行调节和控制，从而达到操控企业盈余管理的目的。在一些存在亏损现象的上市公司中，将债务重组收益计入营业外收入是上市公司进行盈余管理的主要手段，而公允价值计量方式的使用所带来的后果并不是很明显。企业进行盈余操控主要是为了获得投资者的信任，让投资者看到企业拥有更好的业绩，反之投资者也会更加关注这一指标的真实性，所以，盈余管理在企业财务管理中具有重要的研究价值。

通过对以上相关文献整理发现，企业盈余管理也是研究会计准则国际趋同经济后果的一个视角。现有的文献研究均表明，2007年开始使用的会计准则能够通过多种途径，来影响企业利润和管理操控。由于地区差异、公司股权性质等因素也会影响企业盈余管理水平，会计准则的实施是否提升了公司盈余管理水平还应该考虑地区和公司股权性质等因素。会计准则国际趋同对企业盈余管理水平的影响途径、影响方式以及影响程度还应该进行进一步的研究。

4.2.4　会计准则国际趋同与公司高管薪酬研究

会计准则国际趋同对高管薪酬的影响成为另一个研究热点。陈春艳（2014）从高管薪酬契约有效性角度出发，选择2008～2011年上市公司数据为样本，研究两者之间的关系发现，新会计准则的实施显著降低了企业高管薪酬业绩敏感性，这一研究结论仅限于以会计业绩为计量基础的企业，而以市场业绩为基础的企业研究结论则相反。作者进一步根据不同产权性质进行研究发现，在民营企业中，高管薪酬业绩敏感性对新会计准则的实施反应更强烈，而在国有企业样本中则无明显差异。这一研究结果说明国有企业和非国有企业的高管薪酬业绩敏感性对同一事物的变革反应存在差异。罗劲博和庞仙君（2014）则从高管薪酬业绩敏感性角度出发，以我国 2004~2009 年 A 股上市公司为研究样本，研究发现，新会计准则的实施提高了上市公司高管薪酬业绩敏感性。此外，该学者还针对不同产权性质和不同地区的上市公司业绩敏感度进行了比较分析，分别得出以下结论：与国有企业相比，民营企业薪酬业绩敏感度更高；处于东部地区的上市公司高管薪酬业绩敏感度要明显高于中部和西部地区。通过进一步研究发现，设立薪酬委员会的公司和第一大股东持股比例较高公司的高管薪酬业绩敏感性在新会计准则实施后均有一定的提高。

4.2.5　会计准则国际趋同与资本市场研究

会计准则国际趋同的最终目的是更好地服务于市场经济，通过会计计量方式与国际财务报告准则趋于一致，这样会为企业之间的商业交流减少阻力和障碍，并且能够降低因为会计信息不同所带来的资本成本。罗进辉、谢达熙和李莉（2015）从吸引合格境外机构投资者（QFII）的投资出发，检验会计准则的国际趋同是否真正提高了资本市场的对外开放水平。该学者以 2003~2011 年中国 A 股上市公司财务数据为研究样本，研究发现，新会计准则的实施为中国股票市场的企业带来了更多的外商直接投资机会。曾俊和伍中信（2015）运用卡尔曼滤波和 TARCH 分析计算得出股市收益率的自相关系数，用以反映股市效率的高低。该学者运用对比分析的方法，研究发现趋同的会计准则在资本市场发展越好的国家和地区会有更好的表现。相反，市场经济发展状况越好也会对趋同的会计准则需求越高。而资本市场发展不完善的国家和地区对这一需求的表现却不是很明显。

4.2.6 　会计准则国际趋同与企业投融资效率研究

珍妮斯（Jenice，2010）认为，很多人研究了会计准则变革，但很少有人关注会计准则变革对企业投融资效率的影响。比德尔（Biddle，2006）认为，会计信息质量是影响企业投资效率的重要因素。提高会计信息质量有助于改善企业投资效率，但是会计准则国际趋同是否能够直接影响企业投融资效率呢？顾水彬（2013）、张先治等（2015）分别基于会计准则国际趋同非预期理论，分析了会计准则变革对企业投资的影响路径与机理，发现由于会计准则国际趋同带来了会计计量理念的转变，这一转变也会带动企业投资理念发生变化，从而影响到企业投资效率。顾水彬（2013）采用经典的琼斯模型，通过实证研究发现我国会计准则变革能够改善企业投资效率，并且通过进一步的研究发现，会计准则改革能够引导企业调整企业经营管理，更加注重价值的投资。刘春奇（2016）基于我国会计准则变革的制度背景，以2004～2013 年 A 股非金融上市公司为研究样本，从微观视角研究会计准则国际趋同对企业资源配置的影响。研究结果表明新会计准则的实施提高了企业资源配置效率，但是对于投资效率的影响程度和融资效率的影响程度会有所不同。进一步研究发现，不同产权性质影响下两者的关系存在差异，会计准则变革对国有企业的资源配置效率改善程度要低于非国有企业；此外，该学者研究还发现会计准则变革对东部地区资源配置效率的改善要高于非东部地区。

总体上来讲，从经济后果角度来考虑，会计准则国际趋同研究方向还有很多值得发掘和完善，在研究视角和研究方法上均有很大的提升空间，在今后的研究中应该更加关注会计准则对实际经济活动所产生的影响，加以研究并提出改进意见，使会计准则更好地服务于市场经济。

4.3 　本章小结

通过以上文献回顾，发现国内外关于会计准则国际趋同水平研究思想和方法比较成熟，在实际应用过程中可以直接使用相关方法对我国会计准则国际趋同水平进行度量；国外对经济后果方向的研究比国内要早，并且研究方向主要集中在对市场经济的直接作用。而国内研究方向主要集中在会计准则国际趋同对企业信息披露质量、公司盈余管理质量等企业微观层面的间接影响，对会计准则国际趋同与市场经济发展影响相关文献倒不是很多，对企业财务行为影响的研究主要集中在投资效率的影响研究，对企业融资效率或融资成本的影响更偏向于债务融资成本，对企业股权融资成本的影响目前还存在争议。

从会计准则国际趋同角度出发，对企业股权融资成本影响的研究还有待于进一步深入，尤其是要先梳理清楚影响机理，从不同角度出发，对会计准则国际趋同的影响路径进行详细阐述，并考虑股权结构和产权性质差可能会产生不同的影响，这样系统进行梳理和研究的文献还比较少。

第 5 章

会计准则变革影响企业财务决策的理论分析

会计准则变革的直接推动力源自经济发展以及资本市场发展的客观需求。通过变革，国家期望建立一套能够最大限度适应市场经济规律、满足市场发展需求、促进企业会计行为完善的会计准则。也就是说，会计准则的变革是为了改变企业行为，并满足市场经济需要。其中，与会计准则直接关联的企业行为是财务行为。那么，会计准则变革究竟如何影响企业财务决策行为？这是本章需要回答的问题。

5.1   会计准则变革对融资决策的影响分析

2006 年我国新会计准则颁布，实现了与国际会计准则理念的实质性趋同，提高了企业会计信息在世界范围内的可比性，增强了会计信息的透明度，有助于向国内外投资者提供更多信息，进而吸引更多资金，拓宽国际国内筹资渠道。具体而言，其影响可以从股权融资和债务融资两个角度予以分析。

5.1.1   会计准则变革对股权融资的影响分析

第一，公允价值观的影响。自 2007 年采用的新会计准则适度谨慎地引入了公允价值，改变了以往会计信息只服务于委托代理关系中委托方用以监管受托方责任义务履行的情况，而更加强调会计信息对决策的有用性，并对会计信息披露提出了更加严格的要求。受托责任观向决策有用观的转变使得企业更加面向市场，战略视野的提升使得企业不再仅固守其既有的价值链，而是向全球资本市场寻求资金支持，管理者可以通过资金提供者的对比和筛选来寻求对其最具吸引力的资金，从而获得较低的资本成本。

第二，资产负债观的影响。新会计准则采用后在收益确认上强调了资产、负债的变化，改变了以往狭隘的收入、费用匹配，强化了对未来现金流不确定性的关注与控制，提升了会计信息反映企业未来盈利能力的有效性，使得投资者对企业未来现金流的预测偏差减小，系统风险降低，进而降低权益资本成本。张（Zhang，2013）研究指出，从公司总体角度来看会计准则变革使得会计计量偏差减小，投资者对于企业未来现金流的估计更精确，系统风险更低，资本成本更小。

第三，会计信息质量的影响。新会计准则更加重视会计信息价值相关性和会计信息透明度的提高，试图减少企业盈余操纵空间，进而提升企业盈余质量。盈余质量的改善会直接影响企业股权投资者的决策，从而影响股权资金的筹集成本。另外，通过会计准则的优化，企业将能更为有效地传递精确的财务信息，股东将能更为明白地估算出股权价值增加的程度，从而提高注资的动力，融资成本也因此下降。闫华红和张明（2012）认为会计信息质量会对股权资本成本产生重要的作用，并认为新会计准则实施后，样本公司的会计信息质量会显著上升，股权资本成本会显著下降。郑伟光等（2014）通过对新会计准则关于合并报表理论的变革和公允价值计量手段的应用入手，实证检验了新会计准则对股权资本成本的影响。研究发现，新会计准则通过合并报表理论的变革和公允价值计量模式的引入显著提高了公司会计报告的盈余透明度，显著降低了上市公司的股权资本成本。达斯科等（Daske et al.，2008）、高芳和傅仁辉（2012）等研究则进一步认为会计准则变革能够通过提升信息披露质量，降低信息不对称，增加股票流动性，进而降低资本成本，进而提高了企业价值。洛伊斯和韦雷基亚（Leuz and Verrecchia，2013）以德国上市公司为样本，研究发现自愿性采用 IFRS 或者德国会计准则标准进行信息披露的公司，股票换手率提高了 50%，但是股价波动性却没有显著变化，表明自愿性采用 IFRS 或者德国会计准则标准进行信息披露能够显著改善会计信息质量，并降低公司投资者与公司之间的信息不对称程度，提高股票的流动性，降低公司的融资成本。

5.1.2 会计准则变革对债务融资的影响分析

第一，公允价值观的影响。2006 年新会计准则出台后，我国会计准则采用了国际会计准则中的公允价值理念，并结合中国实际情况进行了适当优化。公允价值的采用，改变了会计计量历史成本的理念，提高了债务契约的有效性，提高了会计信息的价值相关性、透明度，减少了企业盈余操纵的可能性，提高了企业盈余质量。这些变化将直接影响企业外部投资者和债权人的资金注入行为，影响企业资金筹措的成本。同时，公允价值能为签订债务契约时债权人考核债务人偿债能力提供有效依据。在债务契约存续期内，债权人也能依赖会计信息制定限制性条款，防止经营者过度投资或发放清算性股利，根据会计信息判断企业当前状况及未来前景，决定维持现有债务合同或要求提前还贷。新会计准则中公允价值的引入增加了与主营业务无关的暂时性收入，使得利润波动增大，降低了债权人所关注的会计利润对企业未来盈利的预测能力，从而使会计信息的契约有用性下降。祝继高等（2011）研究发现，新会计准则下合并报表净利润与债务契约的相关性减弱，且公允价值变动损益高的公司更明显。原红旗等（2013）的研究也发现，新会计准则的实施使得净利润对银行贷款的解释力显著降低，且受准则变动影响程度较大的公司下降程度更大。

第二，资产负债观的影响。收益确认由收入费用观到资产负债观的转变，影响了企业融资渠道。刘永泽（2009）指出，收入费用观以利润为中心，体现的是利润最大化目标，而资产负债观体现的是价值最大化目标。企业目标影响融资渠道的选择。利润最大化目标下，当期利润为企业融资决策的重要标准，企业缺乏对长远发展的关注，易产生短期行为，选择短期效益最大的融资渠道。价值最大化目标下，企业融资时将考虑资金的风险以及时间价值，在兼顾短期利益与长期利益的基础上，更加关注融资决策对企业长远发展的影响，选择全面综合性的融资渠道。

第三，会计信息质量的影响。结合信息风险与债务融资成本之间联系的研究发现，信息风险是不可分散的，信息不对称在投资者决定资本成本方面有着非常重要的作用（Easley and O'Hara，2004）。周继先（2011）则从信息共享的角度探讨了会计信息质量对债务融资成本的影响。廖秀梅（2007）则进一步认为会计信息质量能够降低信贷决策过程中的信息不对称问题，从而对债务融资成本产生影响。彼得等（Biddle et al.，2009）则认为会计信息质量能够促进企业投资效率的改善，从而提升企业价值，最后对债务融资的成本产生影响。兰伯特等（Lambert et al.，2012）的研究发现，改进会计信息披露可以提高投资者预期的平均信息准确度，有助于降低资本成本。所以，新会计准则的引入会提高会计信息的质量，从而影响企业债务融资的成本和负债期限结构（刘慧凤和杨扬，2012）。

第四，具体准则对债务融资的影响。2006 年出台《企业会计准则第 17 号——借款费用》，对借款费用的确认、计量和相关信息的披露进行了规定。这一准则的出台扩大了对借款费用进行资本化处理的借款范围，并规定除了进行的专门借款，那些为购建或生产符合资本化条件要求的资产而进行的一般借款，其借款费用也允许进行资本化处理，并计入相关资产成本。相较于 2006 年前出台的准则，那些为需要经过相当长时间的购建或者生产活动才能达到预定可使用或者可销售状态的固定资产、投资性房地产和存货等资产的借款费用由于不需要计入当期利润，从而会减少企业承受的利润减少的压力，有利于企业经营成果和财务状况的改善。同时，借款费用计入资产成本也会增加后期企业资产折旧的额度，从而产生更高的折旧税盾，提高企业可分配利润，股东权益也因此增加。在两种机制的作用下，企业会产生更强的负债融资的动力，从而促使企业提升负债规模。2006 年财政部出台《企业会计准则第 12 号——债务重组》对企业进行债务重组的问题进行了规定，并在 2019 年结合新的形势和准则调整要求对其进行了新的修订。准则规定，在债务重组过程中，以非现金资产抵偿债务的，应按照公允价值的方式对资产价值进行计量。因公允价值的引入产生的当期损益，将计入当期损益。这样的调整，让处于债务危机的企业有机会获得控股股东优良资产注入的机会，从而实现控股股东对上市公司的利益输送，为出现亏损的上市公司缓解财务亏损的矛盾，改善上市公司的业绩状况，保住上市公司的"壳资源"。

5.2 会计准则变革对投资决策的影响分析

5.2.1 制度契约环境变化带来的影响

制度经济学认为，理性经济人会在制度约束范围内寻求自身利益最大化的决策方式。每一种制度都会为决策者框定一个可获得的机会集，决策者往往在这个机会集中进行权衡与取舍。考虑到经济事项不可预见性和不可证实性的存在，会计准则在事前通常不是一种最优的存在，而会有事实上的不完备性，具体表现为准则上存在的疏漏、笼统或政策的不确定，会计准则确定的相关规则和程序的不详尽、不完备为会计活动遗留了不少空间，需要通过准则变革予以持续的优化和补充。因此，会计准则变革会导致企业决策者潜在的利益结构的变革，从而有可能引导企业决策者有新的利益追逐行为，导致决策行为与制度的一致变迁。同时，会计准则变革改变了企业的行为边界和业务范围，以往缺乏会计规范的经济业务在会计变革后得到有效的引导和规范，从而促进相关业务的有序开展，投资边界也因此有了相应拓展。相反，以往企业可以采用的经营方式在新的会计准则之下有可能会不再合理，企业不得不对相关业务经营方式予以变革，投资边界、投资方式也需要予以优化。加上会计准则变革会导致所有与会计相关的活动的前提发生变化，并因此引导企业委托代理双方签订新的契约，以此激励双方目标兼容，并引导企业包括投资在内的经营活动进行相应调整。根据前面的分析可知，会计准则变革改变了以往的收入费用观，突出了资产负债观，并倡导根据资产负债价值的变动来度量企业的损益，从而强调基于权益增加的投资经营活动。会计目标的转变使委托代理人之间的契约设计由利润表的关注转向资产负债表，企业在进行投资时不再只关注当期利润的增加，而会更关注股东价值是否增加。因此，资产负债表成为投资者作出投资决策的重要依据，投资者通过衡量期末净资产相对期初净资产的变动情况，来判断投资行为对企业财务成果的真实影响。与此同时，考虑到会计准则变革中公允价值的采用，企业在资产投资初始价值确认时应考虑资产未来收益及风险，并且后续计量中由于公允价值理念的采纳，资产价值会随市场变化而变化。为了规避可能存在的风险，决策者会趋于更加谨慎和严格地分析，以选择高收益低风险的项目。

5.2.2　企业组织环境变化带来的影响

前面的分析是着眼于管理者比较短期的利益，事实上会计准则的变革不仅会影响直观的短期利益，而且会导致企业潜在的经营理念和心智模式的变化。随着企业对会计准则中相关理念的践行和贯彻，企业制度框架和经营模式都会不断调试和优化，并逐步形成新的组织行为习惯和心智模式，包括企业员工在内的所有人员都会受到这些理念的影响，并融入其思维理念和行为习惯之中，从而在整个组织环境上产生根本性变化，最终对企业包括投资决策在内的决策行为产生内部约束。具体而言，公允价值的采用，由于比历史成本更强调市场变化施加的影响，从而会引起所有员工对价值理念和价值创造的重视，并引发基于职责在内的管理哲学认识的根本性改变（Barlev and Hadadd，2003），进而引导企业重视价值投资。同时，由于研发支出的有条件资本化，减轻了企业研发带来的利润压力，从而使所有员工会更加重视研发投入和产品附加值的提升。

5.2.3　会计信息质量改善带来的影响

会计准则变革通过新的会计理念的引入、会计处理原则的变更，使会计准则内容更为具体、更为科学，体系更为全面，企业会计信息与企业财务特征的匹配更加精准。准则的变革拓展了财务报告的内涵和外延，使会计信息披露内容更为贴近市场价值，披露方式更为严格，提高了会计信息的透明程度，降低了信息不对称，便于会计信息使用者对企业价值和项目的评估，也有助于提高同行业会计信息的可比性，降低行业市场信息和竞争态势的错判，有助于企业决策者利用会计信息识别投资机会，发现投资前景，从而减少企业投资不足的可能性。同时，由于会计信息质量的提高能够有效地帮助外部投资者识别企业投资项目的价值，从而缓解企业融资约束的程度，进而会为企业提供良好的资金支持，最终缓解投资不足的现象。余和瓦希德（Yu and Wahid，2014）的研究表明，在强制执行 IFRS 之后，国际机构投资者对被投资公司的估值变得更高，投资基金的投资活跃度也更高，从而说明会计准则变革确实能放松企业融资约束，便于缓和投资不足问题。会计准则变革能够强化信息质量，帮助委托人和投资人更好地评价和监督公司的投资经营行为，从而强化投资者及股东的治理能力和治理水平，减少管理者产生机会主义行为的可能，并刺激管理者采取更为积极有效的投资行为，提高企业价值，以此抑制其进行过度投资的冲动。顾水彬（2013）研究了会计准则变革对企业投资效率的影响路径与机理，并检验了会计准则变革前后企业投资效率的变化，发现会计准则变革可显著抑制非效率投资。

5.2.4　具体会计准则改变带来的影响

除了会计处理理念、原则等带来的影响，具体会计准则条款的调整也会直接影响企业投资行为。

第一，固定资产投资方面。《企业会计准则第 4 号——固定资产》引入了对固定资产预计弃置费用的确认和计量的相关规定。这一概念的引入，规定企业需按照国家相关法律法规或国际公约，承担环境保护和生态恢复的义务，并承担相应的支出。企业可以通过固定资产折旧分期将支出费用计入其成本费用之中，并冲减当期的利润。对弃置义务的规定将提高企业使用固定资产的代价，从而会促使企业理性投资，在成本效益的权衡之下理性选择更为合理的固定资产投资方案。这样的规定，将减少企业的盲目投资。而对预计弃置费用的确认和计量方式，也会加速企业更新固定资产，促进企业资产设备提档升级，改善企业的技术水平。此外，对企业分期付款购买固定资产的入账问题，准则会要求按照购买价款的现值入账，这样也会对企业的投资行为产生非常重要的影响。此外,《企业会计准则第 8 号——资产减值》对固定资产减值准备的计提时间做了明确的规定,同时提出了识别和判断固定资产减值迹象的方法。该准则规定企业应在会计期末对满足减值迹象的固定资产计提减值准备,并在未来的会计期间不能将减值准备进行转回。对减值准备不能转回的规定,减少了企业根据自身需要调整固定资产价值,并以此操纵利润的可能。由此可见,会计准则的变革提高了固定资产会计信息质量,有利于企业和投资者作出更加科学的决策,能促进企业固定资产投资效率的提升。

第二,长期股权投资方面。《企业会计准则第 2 号——长期股权投资》将长期股权投资初始成本的确定分为合并取得和非合并取得两种方式。其中,在合并取得情形下又分为同一控制和非同一控制两种。长期股权投资准则规定,在同一控制下的企业进行合并而形成的长期股权投资,需采用权益结合法而不能使用成本法,投资产生的差额计入资本公积或者留存收益。这样的处理,在一定程度上减少了企业通过合并价格的调整和可辨认净资产价值的调整来操纵利润,以此达到粉饰财务报表的目的。非同一控制下的企业合并时,购买方在购买日应当按照《企业会计准则第 20 号——企业合并》确定的合并成本作为长期股权投资的初始投资成本。按照企业合并准则的规定,合并成本主要是指购买方在购买日对作为企业合并对价付出的资产、发生或承担负债的公允价值,公允价值与其付出的资产、发生或承担的负债的账面价值的差额,计入当期损益。公允价值的采用,使企业在长期股权投资时存在顺周期投资的可能,即在经济环境好的情形下,企业会采取积极甚至激进的投资行为,以此扩大公允价值为企业带来的价值增加或利润提升,在经济环境变差时,企业会采取更为谨慎甚至保守的投资策略,以此规避外部经济风险在企业财务报表上的长期滞留。同时,在非同一控制下企业合并时,购买方对合并成本高于合并中取得的被购买方可辨认资产公允价值份额的差额应当确定为商誉,这与 2006 年前会计准则的规定存在差异,为企业留出了操控商誉的空间。一旦企业并购产生负商誉,那么可以增加企业当期的收益,并减少复杂的商誉减值测试程序。因此,企业有动力通过控制被并购方可辨认净资产的公允价值来避免正的商誉的产生或创造负商誉的情形,从而对企业投资行为产生影响。由于企业合并准则规定对于在同一控制下的企业合并，相关资产和负债以账面价值计量，合并溢价或损失只能调整资本公积和留存收益，并不确认商誉。因此，为企业创造了人为操纵合并类型的空间，即如果被购买方经营欠佳且可以产生负商誉时，购买方可能倾向于选择非同一控制下企业进行合并，从而达到增加利润的目的，而如果被购买方经营良好会产生资产溢价时，购买方则倾向于选择同一控制下的企业合并，甚至为了美化业绩，进行不具有经济实质的"报表重组"。

第三，金融资产投资方面。在 2006 年会计准则变革之前，对于金融资产计量的方法采用的是成本与市价孰低法。按照这一方法计算金融资产价值时，其市场价格下降并低于账面价值时，企业应调减账面价值，由此带来的损失应在当期予以确认；但是在市场价格超过账面价值时，出于谨慎性原则，其带来的收益则不予考虑。《企业会计准则第 22 号——金融工具确认和计量》对金融资产价值的计量采用了公允价值的思维。如果变动计入当期损益的金融资产或金融负债的公允价值发生变化，变动的价值应该计入当期的损益，可供出售的金融资产的公允价值发生变化，其变动的价值计入所有者权益，并在金融资产终止确认时转入终止时会计期间的损益。会计准则这一变化使金融资产的价值更能客观地反映企业实际的收益状况，也压缩了企业利用金融资产进行盈余操纵的空间。公允价值的使用，使企业的投资行为和决策态度发生较大的转变，并表现出顺周期行为，即在"牛市"时会采取激进的投资策略，而在"熊市"时会采取异常谨慎的投资策略，并由此对企业财务状况和市场表现产生重要影响。

第四，无形资产投资方面。《企业会计准则第 6 号——无形资产》指出企业拥有或者控制的没有实物形态的可辨认非货币性资产就是无形资产，并对哪些费用应该计入无形资产进行了调整。按照 2006 年前的会计准则，企业投入的用作无形资产达到预定可使用状态之前的研发费用应全部进行费用化处理，但是新准则规定开发阶段符合资本化条件的费用可以予以资本化处理，并计入无形资产的成本。在旧准则下，企业无形资产开发的费用化处理会减少当期利润，影响企业进行无形资产投资的动力，从而影响企业的长远发展。新准则通过对研发支出阶段的划分以及对研发费用资本化条件的明确，会减少研发费用对利润产生的较大冲击，从而缓解企业损益矛盾，对企业研发投资产生重要促进作用，有利于企业着眼于长远加大无形资产的投资力度，提升企业长期竞争力。

5.3　会计准则变革对分配决策的影响分析

5.3.1　会计准则变革对股利分配政策的影响

会计准则变革对企业会计理念进行了改变，谨慎性地采用了公允价值计量模式，同时在基本准则中引入了利得和损失的概念，在资产负债观的指导下计入资本公积的项目受到严格限制。这样的处理导致了企业现金流量与利润之间的不相等和不匹配，会产生大量已确认但未实现的利得和损失。企业现金流量在经济高涨、股市持续走强或者企业存在大量非经常性收益时，会与利润之间的差距变得更大。此时，企业根据利润表上显现出来的收益情况进行分配将人为地夸大可分配利润的额度，从而有可能产生利润超额分配的可能。所以，股利分配因为以会计收益为基础，在很大程度上受到会计准则变革的影响。娄芳等（2013）研究了会计准则的变动对现金股利和盈余关系的影响，2007 年执行新会计准则后，会计收益对现金分红的解释力显著降低，上市公司制定现金股利政策时，会区别对待利润各组成部分的持续性和现金流效应。吕长江和巩娜（2009）研究了股份支付准则的经济后果，发现股权激励费用化的会计处理有可能导致上市公司修改其股权激励的方案，要么大幅提高行权价格，要么减少了股权激励的数量，甚至取消股权激励的方案，以降低股权激励的费用对公司未来业绩的负面影响。

5.3.2　会计准则变革对职工薪酬政策的影响

《企业会计准则第 9 号——职工薪酬》规定，企业职工薪酬可以按照其服务对象的不同进行差异化的分配处理，并按照服务对象不同将薪酬费用计入相关资产成本或企业当期费用。这样处理不仅完善了成本补偿制度，而且也在一定程度上影响了损益的确认。例如，企业在进行技术开发时，开发阶段发生的职工薪酬是符合资本化条件的，因此可以计入企业无形资产的成本予以核算，从而极大地促进企业引进研发人才并进行薪酬激励，也会对企业研发投资和长期发展产生积极作用。

5.3.3　具体会计准则改变带来的影响

对于企业分配决策的影响，具体包括利润分配类和薪酬激励类两类具体会计准则。

第一，从利润分配角度看，除了公允价值计量模式的影响外，对于存在子公司的企业而言，《企业会计准则第 20 号——企业合并》的规定会产生重要影响。该准则对公司集团内部进行交易时出现的未实现损益、母公司和子公司往来款项计提坏账准备进行了规定，并由此导致合并报表和母公司报表之间呈报的利润产生差异，从而对公司利润分配产生影响。在操作中，当两种报表之间利润差异较小时，可以将任意一个利润作为分配依据。然而，如果两者差异较大，且合并报表利润小于母公司报表利润，那么说明子公司存在较大亏损或者母公司存在利润粉饰行为，此时利润分配依据应以合并利润报表为基础以此凸显稳健性原则，并保护债权人和其他利益相关者的利益；如果合并报表利润大于母公司报表利润，则说明子公司实现的利润没有完全分配，此时若以合并报表利润为利润分配依据，未来如果子公司产生亏损，那么可以用作弥补未来亏损的利润已分配殆尽，这样会加剧利润的不稳定性。

第二，从薪酬激励角度看，除了《企业会计准则第 9 号——职工薪酬》规定的薪酬费用按照不同服务对象进行分配处理和费用核算可能对企业分配决策产生影响，《企业会计准则第 11 号——股份支付》也会对股权激励产生作用。该准则将股份支付交易纳入财务报表进行确认和计量，一方面规范了企业进行股权激励的会计处理，使企业分配行为的信息披露更加规范，有助于股东和监管部门针对企业股权激励进行监督；另一方面会对企业损益产生影响，促使其企业合理规划利润分配模式和份额，从而影响企业股权激励制度的制定和决策，实现各方利益主体的需求，促进企业稳步和快速发展。

5.4　会计准则变革对经营决策的影响分析

5.4.1　对债务重组决策的影响

新会计准则下，企业债务人可能会因为债权人的债务豁免而产生相应利润。因此，这一规定可能会被企业集团所利用，并为陷入财务困境的企业实施大规模的债务重组，并为企业的财务困境解套。

5.4.2　对资本运作决策的影响

《企业会计准则第 36 号——关联方交易》增加了信息披露的内容，对同一集团控制下的关联方之间信息披露要求更加透明，这能从一定程度上减少集团内部损害整体价值的关联方交易行为，并抑制企业集团内部的"无作为"资本运作行为，从而促进企业集团建立完善的内部资本市场，采用符合集团战略规划的资本运作模式来提高整体竞争力和核心价值（张先治和于悦，2013）。

5.4.3　对资产整合决策的影响

新会计准则按照控制与否确定企业合并报表的合并范围，这样促使母公司需要对子公司的财务状况予以关注，对那些非持续经营的所有权为负数的子公司或者陷入财务困境的子公司采取整理后变卖、注入资产盘活、转型处理等方式，从而促使企业合理利用并购整合方式，集中优质资产，提高资产利用效率（张先治和于悦，2013），同时也鼓励企业对财务绩效优良的公司进行并购，提升企业整体资产质量。

5.4.4　对合营与并购决策的影响

企业按照旧会计准则采取比例合并法进行合营的企业，在新会计准则下改成了权益法进行核算，此时对于合营企业的收入将不再纳入企业利润表之中。这样的规定将减少企业经营收入，并影响利润水平，尤其对那些合营企业收入占比较大的企业而言。在这样的情形下，企业将会对原有的合营方式进行反思，并调整并购策略，将合营的企业转变成控股子公司，从而改变企业合营与并购方式的取舍。

5.5　本章小结

在会计准则变革历史进程分析的基础上，本章进一步分析了会计准则变革会对企业财务决策产生的影响，并着重从融资决策、投资决策和分配决策三个方面进行了系统的分析。研究发现，首先，会计准则变革会因为公允价值观、资产负债观等会计理念的引入以及准则内容和准则体系的变革带来的会计信息质量提升，对企业负债融资、股权融资产生重要影响，同时会因为企业制度契约环境变化、组织环境变化、会计信息质量提升以及具体会计准则的变化会对企业投资行为产生深远影响。其次，会计准则变革也会对企业股利分配和职工薪酬分配产生影响。

第6章

会计准则国际趋同对会计信息质量的影响
——基于会计信息观

6.1 引 言

企业会计准则作为一项被普遍接受的制度，会对盈余管理的程度产生影响。特别是公允价值的引入，使会计工作人员在符合现行会计准则的基础上可以根据自身实际情况进行适当的盈余管理。在我国资本市场中，企业进行盈余管理的动机有三个：融资动机、契约动机、避税动机。首先，从融资动机来看，在我国企业需要满足三年连续盈利的条件才可以发行新股上市，此外，银行也倾向于借款给盈利能力更强的企业。同时企业也更倾向于通过盈余管理来提升账面业绩，从而在信贷谈判过程中获得更高的议价能力，研究发现财务指标越好的企业越容易获得长期债券（刘芹，2012；邓路，2019）。其次，契约动机体现在债务契约和报酬契约两个方面。在债权人和管理者这一层委托代理关系中，债权人为了保证自己的资金安全往往会在债务契约中附加一些限制性的条款，这些条款可能会增加企业的经营风险，管理者为了迎合债权人的要求降低违约风险会进行一些盈余管理行为。在所有者和经营者这一层代理关系中，当经营者报酬与经营业绩挂钩的情况下，经营者为了自身利益最大化，会通过一些技术手段或者职位便利对经营利润进行操控，从而增加自己的收入。最后是避税动机，企业会通过向下的盈余管理来享受某种税收优惠政策或者实现少交税的目的。

如果实际经济事件与公司披露的信息存在差异，则代表管理层实施了盈余管理，绝大多数上市公司都会采用盈余管理来展现企业盈利能力和管理能力，所以盈余管理一定程度上就会对企业披露的会计信息质量产生直接的影响，从而对会计信息使用者对会计信息的解读产生影响，最终会影响投资人的投资决策和选择。该部分主要是通过盈余管理来检验会计准则变革对信息质量的影响。通过研究会计准则变革前后企业盈余管理的变化来初步检验准则对会计信息质量产生的直接影响，也为本书后续实证研究提供必要的基础。本章研究思路如图 6 - 1 所示。

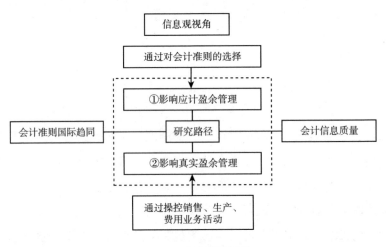

图 6 - 1   本章研究思路

6.2   理论分析与研究假设

会计信息决策有用性是会计信息价值最直接的体现，包括企业财务会计信息、管理会计信息和税务会计信息都是企业内部和外部利益相关者关注的重要信息，也是帮助其开展决策的重要依据。会计信息使用者通过对企业生产经营活动信息确认、计量、记录和报告过程信息有依据地判断，从而作出利益最大化的决策。从某种意义上讲，会计信息在资本市场上属于一种公共产品，而如何将这种公共产品更真实公正地反映？如何保护会计信息使用者的利益不受侵犯？因此，会计制度和规则就应运而生，在我国企业会计准则正是对会计信息形成进行规范。根据新会计准则的要求，企业提供的会计信息应该遵循以下原则：（1）可靠性，要求企业应当以实际发生的交易或者事项为依据进行确认、计量和报告，如实反映符合确认和计量要求的各项会计要素及其他相关信息，保证会计信息真实可靠、内容完整；（2）相关性，要求企业提供的会计信息应当与财务报告使用者的经济决策需要相关，有助于财务报告使用者对企业过去、现在或者未来的情况作出评价或者预测；（3）可理解性，要求企业提供的会计信息应当清晰明了，便于财务报告使用者理解和使用；（4）可比性，要求企业提供的会计信息应当相互可比，对于同一企业不同时期发生的相同或者相似的交易或者事项，应当采用一致的会计政策，不得随意变更，对于不同企业发生的相同或者相似的交易或者事项，也应当采用规定的会计政策，确保会计信息口径一致，以使不同企业按照一致的确认、计量和报告要求提供会计信息；（5）实质重于形式，要求企业应当按照交易或者事项的经济实质进行会计确认、计量和报告，不应仅以交易或者事项的法律形式为依据；（6）重要性，要求企业提供的会计信息应当反映与企业财务状况、经营成果和现金流量有关的所有重要交易或者事项，如果会计信息的省略或者错报会影响使用者据此作出经济决策的，该信息就具有重要性；（7）谨慎性，要求企业对交易或者事项进行会计确认、计量和报告应当保持应有的谨慎，不应高估资产或者收益、低估负债或者费用，也不允许企业设置秘密准备；（8）及时性，要求企业对于已经发生的交易或者事项，应当及时进行确认、计量和报告，不得提前或者延后，从而可以把相关信息及时传递给财务报告使用者，便于其及时使用和决策。新准则的"会计信息质量要求"是对原准则"会计核算的一般原则"的补充、完善和创新，同时也体现了新会计准则对会计信息质量的重视，更能够适应经济发展的需要①。会计准则对会计信息的影响主要体现在通过一系列的原则要求会计工作人员在会计处理的时候尽可能真实地反映企业经营状况，从而降低经济范围内不

---

① 马永义．新企业会计准则体系下会计信息质量要求辨析［J］．财务与会计，2009（13）：43–44.

同利益相关者之间信息沟通的成本。

随着我国资本市场和上市公司的发展，会计信息决策有用性对企业外部投资人的重要性也日益提高。会计信息是股东、投资者、外部债权人以及企业所有利益相关者重点关注的内容，也是学术界重点研究的内容，整体来看，会计信息质量的衡量方法主要有：（1）通过报酬模型和价格模型来检验会计信息的价值相关性，如利用巴苏模型（Basu，1997）、比弗和瑞安模型（Beaver and Ryan，2007）、鲍尔和希瓦库马尔模型（Ball and Shivakumar，2005）等来检验会计信息稳健性；（2）通过琼斯模型（Jones，1991）、修正的琼斯模型（Dechow et al.，1995）、DD 模型（Dechow and Dichew，2002）等来衡量企业的盈余管理水平；（3）以盈余的持续性来衡量会计信息的预测价值，盈余的持续性一般以盈余一阶自回归模型 $Earnings_{it} = \alpha + \beta Earnings_{it} + \varepsilon_{it}$ 的斜率 β 衡量，或者以模型的残差的标准差 $\sigma（\varepsilon_{it}）$ 衡量；（4）采取股票市场回报作为经济现象的代理变量，取盈余信息作为财务报告的代理变量，通过构建 $Earnings_{it} = \alpha + \beta RET_{it} + \varepsilon_{it}$ 模型，以模型预测的盈余预期值间的差异衡量可比性；（5）同样使用 Basu（1997）模型的 R^2 来度量会计信息整体的及时性[①]。由此可见，学术界广泛采用盈余管理水平来反映会计信息质量。

选择会计准则国际趋同意味着选择更高质量的会计准则，但是会计准则变革能否提升会计信息决策有用性？现行会计准则能否真正满足利益相关者的会计信息要求呢？会计准则变革已经经历了十多个完整的会计年度，学术界关于这一点的研究结论并不一致。

会计信息质量对利益相关者的影响主要体现在会计信息平滑性、稳健性、价值相关性等，这些方面体现的是会计信息的整体质量。但是会计信息整体质量的高低还受到企业经营状况、所处的经济状况以及其他制度环境的影响，会计准则只是制度环境中的一个具体体现。因此，研究会计准则变革对企业会计信息平滑性、稳健性、价值相关性等整体质量的影响并不能够真正反映出会计

---

① 陈旻，曲晓辉. 会计准则国际趋同对会计信息质量影响的系统检验 [J]. 当代会计评论，2014，7（1）：1-27.

准则变革对会计信息质量的影响①。理论上来讲，会计准则对会计信息质量最直接的影响主要体现在对企业应计盈余管理的限制上，而企业在面临更严格的会计准则监管时，可能会更多地选择真实盈余管理来避开会计准则监管，因此，本部分的研究将用盈余管理水平作为会计信息质量的代理变量。

德乔和斯金纳（Dechow and Skinner，2000）认为，应计盈余管理是企业管理人通过对会计准则政策的选择来扭曲或掩盖真实经营业绩的行为。企业会计信息在形成的过程中，公认会计准则赋予财务人员一定的自由裁量权，管理人员可以对会计政策进行有选择的使用，不同会计政策的选用会带来不同的会计数据后果，这也给了企业管理层操纵报表利润的空间。我国会计准则从 2007 年开始逐渐和国际会计准则接轨，2014 年财政部对会计准则主要的应计盈余管理途径包括改变固定资产的折旧方法、资产减值准备与坏账费用计提的会计政策变更以及对收入费用确认条件进行变革等。

1. 无形资产开发费用处理的改变，扩大了企业盈余管理的空间。会计准则将企业的研发划分成两个阶段，研究阶段的支出，于发生当期计入损益，进入开发程序后，只要符合会计准则规定的相关条件就可以予以资本化。这无疑给企业的盈余管理开辟了一片天地。企业可以通过对研究与开发两个阶段划分时点的把握来扩大或缩小资本化或费用化的金额，达到操纵利润、进行盈余管理的目的。另外，会计准则对无形资产的摊销方法不再仅仅局限于直线法，且摊销年限也不再固定，增加了企业调节各会计期间无形资产摊销额的余地。企业可以通过调节无形资产的摊销方法和摊销年限来进行盈余管理。

2. 债务重组中引进公允价值作为计量属性，扩大了企业盈余管理的空间。会计准则规定，其原债务的账面价值与实际支付公允价值之间的差额，确认为债务重组收益，计入当期损益，而不再是作为资本公积直接进入所有者权益。同时，债务人转出的非现金资产也要按公允价值确认资产处置收益。这一规定使一些高负债公司利用债务重组确认重组收益，蓄意包装利润变得更加容易。新准则引入了公允价值计量属性，使企业的盈余弹性增强。此外，按公允价值确认非货币性资产交换收益，也扩大了企业盈余管理的空间。

---

① 刘骏. 会计准则、盈余管理方式与会计信息质量——基于中国 AB 股微利上市公司的经验证据［C］//第四届海峡两岸会计学术研讨会——会计准则，内部控制与公司治理论文集，2012.

3. 政府补助准则的出台，扩大了企业盈余管理的空间。会计准则规定，政府补助分为与资产相关的政府补助和与收益相关的政府补助。与资产相关的政府补助，是指企业取得的、用于购建或以其他方式形成长期资产的政府补助。与收益相关的政府补助，是指除与资产相关的政府补助之外的政府补助。对与资产相关的政府补助，应当确认为递延收益，并在相关资产使用寿命内平均分配，计入当期损益。但是按照名义金额计量的政府补助，直接计入当期损益。企业接受政府补助，特别是与资产相关的政府补助时，确认为递延收益并最终转入收益，相对于原来增加资本公积而言，直接增加了企业的利润。政府补助是企业非经常性损益的主要来源，也是企业利润的构成之一。这种损益的波动性和随机性，为其被操纵提供了可能，准则的规定扩大了企业盈余管理的空间。

4. 固定资产的折旧年限的变更，扩大了企业盈余管理的空间。会计准则规定，企业至少应当于每年年度终了，对固定资产的使用寿命、折旧方法以及预计净残值进行复核。使用寿命预计数及预计净残值与原先估计数有差异时，应当予以调整。与固定资产有关的经济利益预期实现方式有重大改变的，应当改变固定资产折旧方法。固定资产使用寿命、预计净残值和折旧方法的改变应当作为会计估计变更。这一准则为企业通过会计估计变更，改变各期折旧费用对利润进行调整打开了方便之门。且固定资产的折旧年限、折旧方法和预计净残值的变更都统一采用未来适用法，不再追溯调整。公司只要有证据证明其使用寿命及预计净残值与原估计数有差异，就可以轻易地达到操纵利润，进行盈余管理的目的。

5. 借款费用资本化范围的扩大，扩大了企业盈余管理的空间。会计准则规定，符合资本化条件的资产是指需要经过相当长时间的购建或者生产活动才能达到可使用或者可销售状态的资产。如果相关资产的构建或生产占用了专项借款以外的一般借款，累计支出加权平均数超过专门借款的部分按一般借款的资本化率，计算确定应予资本化的金额。即占用在固定资产上的一般借款的利息也允许资本化。会计准则的规定给企业盈余管理带来了更多空间。企业可以在一般借款的利息支出和符合资本化条件的资产上大做文章，从而达到操纵利润的目的。

真实盈余管理是一种管理者为达到某种目的而进行的偏离企业最优经营活动的盈余管理行为，真实盈余管理活动分为销售操控、生产操控和费用操控，真实盈余管理绝对值越高代表盈余管理程度越高。

企业管理中所有权和经营权的分离使得信息使用者与提供者之间存在企业信息不对称，会计准则尽可能地从行业规范的角度对会计信息的呈现提出可遵循的要求。在企业管理过程中，为了对代理人进行有效的约束，同时委托人为了更及时准确地获得企业经营管理的真实信息，财务报告是委托人获取信息的重要途径。但是，基于委托代理理论的代理冲突，代理人对企业经营的真实情况信息的掌握要多于委托人，当代理人有自利心的时候甚至可以左右会计信息的产生、对真实的企业经营状况进行夸大或者隐瞒，这就使得委托人掌握的信息少于代理人，从而对委托人的利益产生危害，同时也会增加委托人和代理人之间的信息不对称程度，提高委托人的监管成本和决策风险。根据有效市场假说，经济活动的参与者都应该是理性的，但是面对稀缺的资源和自身利益的考虑就会存在一些自利行为，如何对不同经济参与者的行为进行约束以及利益的合理分配也一直是学术界研究的重点和难点问题。为了更好地解决委托人和代理人之间的信息不对称问题，企业会计准则对企业经营状况和会计信息的提供提出了更加详细和严格的要求，一方面是为了让企业财务报告能够更加真实地反映出企业的经营状况，为委托人、投资人和其他利益相关者提供更加有效的财务信息，从而使利益相关者能够在关键时刻作出更加理性的经济决策，另一方面是对代理人行为的一种约束和监管，所以会计准则改革选择与国际会计准则趋同不单单是选择了一套全球公认的会计规范，也是选择了一套更加合理与时俱进的准则体系。

那么，盈余管理作为企业管理过程中一种不可避免的管理行为，并且这种行为会对委托人、投资人的利益产生严重的影响，会计准则国际趋同之后，这一管理行为是否得到缓解？从盈余管理的角度，会计准则国际趋同是否在一定程度上提高了会计信息透明度？从我国新会计准则的执行情况来看，上市公司实施资产减值测试与资产减值转回、金融资产分类与公允价值确定及通过债务豁免实现营业外收入等准则后相关的盈余管理一定程度上能够得到遏制，但是在资产减值、公允价值及债务重组准则的执行过程中仍然需要加以注意存在相应的利润操纵空间①②。同时国内不少学者也分别从不同角度研究了新会计准则的实施对企业盈余管理的影响，有些学者得出结论：新会计准则的实施一定程度上能够提高会计信息质量，对盈余管理产生一定的抑制作用（胥朝阳和刘睿智，2014；龚启辉等，2015；顾署生和周冬华，2016；王艳等，2018）。但是也有学者研究表明新会计准则公允价值的引入并未对上市公司盈余管理产生相应的影响（彭珏和胡斌，2015）。也有学者提出，真实公允、客观公正地报告公允价值和资产减值等非经营性损益信息，职业判断是企业执行会计准则的关键缓解，收入确认、资产减值、债务重组、公允价值计量等会计职业判断是一把"双刃剑"，恰当地判断所确认和计量的结果就是真实公允的，反之就成为调节和操控利润的手段③④。自2007年之后会计准则和准则解释又经过了数次新增和修订，所以对不断新增和修订准则的实证检验也应该与时俱进，为后续准则的修订和实施提供相应的理论支撑。因此，该部分将分阶段地检验会计准则国际趋同对企业会计信息质量的影响。

通过对比会计准则变革前后公允价值的变化来研究会计准则变革对会计信息质量的影响，提出研究假设6.1。

H6.1：会计准则国际趋同后能够抑制企业盈余管理，提高企业会计信息质量。

基于2017年金融工具、收入、套期和政府补助这四项准则的修订会影响到公允价值变动损益、营业外收入和资产减值损失，提出研究假设6.2。

H6.2：会计准则国际趋同后企业会通过公允价值变动损益、营业外收入和资产减值损失进行盈余管理，从而对会计信息质量产生影响。

---

① 刘玉廷，王鹏，崔华清. 关于我国上市公司2007年执行新会计准则情况的分析报告 [J]. 会计研究，2008（6）：19-30.

② 财政部会计司. 我国上市公司2008年执行企业会计准则情况分析 [J]. 会计研究，2009（9）：6-18.

③ 刘玉廷. 金融保险会计准则与监管规定的分离趋势与我国的改革成果 [J]. 会计研究，2010（4）：3-6+95.

④ 刘玉廷. 严格遵守会计准则 提供高质量财务报告 认真履行社会责任 [J]. 会计研究，2010（1）：7-13.

6.3　研究设计与数据来源

6.3.1　数据来源与样本选择

该部分研究数据来源于 CSMAR 数据库，使用非均衡面板数据，样本数据筛选将金融行业、退市、PT 类、ST 类样本剔除，同时还剔除主要研究变量或控制变量数据缺失的样本。以 2000~2021 年沪深 A 股非金融企业为研究对象（考虑到金融行业财务数据的特殊性），筛选得到共 26 057 个有效观测值。为了将极端值带来的影响降至最低，针对全部连续变量实施了缩尾处理，处理区间为 1%~99%，数据处理软件为 Stata15.1。

6.3.2　模型设计

为了验证假设 6.1，使用 CAS 虚拟变量来检验会计准则国际趋同对盈余管理的影响，我们分别从应计盈余管理和真实盈余管理两个角度进行检验，构建模型（6.1）和模型（6.2）。

$$
\begin{aligned}
DA_{i,t} = {} & \alpha_0 + \alpha_1 CAS + \alpha_2 SIZE_{i,t} + \alpha_3 MB_{i,t} + \alpha_4 ROA_{i,t} + \alpha_5 GROWTH_{i,t} \\
& + \alpha_6 TAT_{i,t} + \alpha_7 ROE_{i,t} + \alpha_8 LEV_{i,t}
\end{aligned}
\tag{6.1}
$$

$$
\begin{aligned}
REM_{i,t} = {} & \alpha_0 + \alpha_1 CAS + \alpha_2 SIZE_{i,t} + \alpha_3 MB_{i,t} + \alpha_4 ROA_{i,t} + \alpha_5 GROWTH_{i,t} \\
& + \alpha_6 TAT_{i,t} + \alpha_7 ROE_{i,t} + \alpha_8 LEV_{i,t}
\end{aligned}
\tag{6.2}
$$

为了验证假设 6.2，同样还是从应计盈余管理和真实盈余管理两个角度来检验会计准则国际趋同对企业盈余管理水平的影响，同时参照孙世敏和董馨格（2020）的研究，选取营业外收入、公允价值变动收益以及资产减值损失三个易操纵项目作为自变量，构建模型（6.3）和模型（6.4）。

$$
\begin{aligned}
DA_{i,t} = {} & \alpha_0 + \alpha_1 CAS + \alpha_2 NOI_{i,t} + \alpha_3 AIL_{i,t} + \alpha_4 FV_{i,t} + \alpha_5 SIZE_{i,t} \\
& + \alpha_6 MB_{i,t} + \alpha_7 ROA_{i,t} + \alpha_8 GROWTH_{i,t} + \alpha_9 TAT_{i,t} \\
& + \alpha_{10} ROE_{i,t} + \alpha_{11} LEV_{i,t}
\end{aligned}
\tag{6.3}
$$

$$REM_{i,t} = \alpha_0 + \alpha_1 CAS + \alpha_2 NOI_{i,t} + \alpha_3 AIL_{i,t} + \alpha_4 FV_{i,t} + \alpha_5 SIZE_{i,t}$$
$$+ \alpha_6 MB_{i,t} + \alpha_7 ROA_{i,t} + \alpha_8 GROWTH_{i,t} + \alpha_9 TAT_{i,t}$$
$$+ \alpha_{10} ROE_{i,t} + \alpha_{11} LEV_{i,t} \tag{6.4}$$

6.3.3 变量定义

1. 被解释变量——应计盈余管理。关于应计盈余管理的计算方法学术界主要使用琼斯模型（1991）、修正的 Jones 模型（1995）、陆建桥模型（1999）、DD 模型（2002）和麦克尼科尔斯模型（McNichols，2002）五种方法。参照燕玲（2013）的做法，采用修正的 Jones 模型计量操控性应计利润，以此作为衡量会计准则变革导致会计信息质量变化的替代指标。对盈余管理的衡量方法，分别使用可操控性应计利润 DA 来衡量应计盈余管理水平，使用 REM 来衡量真实盈余管理水平，会计信息质量可以通过盈余质量的高低为代理指标予以反映。盈余可以被分解为经营现金流量和应计利润两部分，而应计利润可以被进一步分解为非操控性应计利润和操控性应计利润。据此，该部分应计盈余管理变量设计的主要思路是：从应计利润中分离出非操纵性应计利润，然后从总应计利润中扣除非操纵性应计利润，就是操控性应计利润 DA，以此作为衡量会计准则变革导致会计信息质量变化的替代指标。具体计算步骤如下。

（1）总应计利润：

$$TAC_{i,t} = E_{i,t} - CFO_{i,t}/Asset_{i,t} \tag{6.5}$$

其中，$TAC_{i,t}$ 表示公司 i 第 t 年的总应计利润；$E_{i,t}$ 表示公司 i 第 t 年的净利润；$CFO_{i,t}$ 表示公司 i 第 t 年现金流量表中经营活动现金流量净额；$Asset_{i,t}$ 表示公司 i 第 t−1 年末的总资产。

（2）非操控性应计利润：

$$NDA_{i,t} = \alpha_1 1/TA_{i,t-1} + \alpha_2 \left[(\Delta REV_{I,t} - \Delta REC_{I,t})/TA_{I,t-1} \right]$$
$$+ \alpha_3 PPE_{I,t}/TA_{I,t-1} \tag{6.6}$$

其中，$NDA_{i,t}$ 表示经上期期末总资产调整的公司 i 第 t 期的非操控性应计利润；$TA_{i,t-1}$ 表示上期期末总资产；$\Delta REV_{i,t}$ 是第 t 期销售收入与第 t-1 期销售收入差额；$\Delta REC_{i,t}$ 是第 t 期应收账款与第 t-1 期应收账款差额；$PPE_{i,t}$ 表示公司 i 第 t 期期末总的厂房、设备等固定资产原值。

式（6.6）中所有变量均除以 $TA_{I,t-1}$ 进行调整，以保证不同规模的公司之间具有可比性。α_1、α_2、α_3 表示公司 i 的特征参数，估计值根据以下模型通过各项数据回归取得：

$$TAC_{i,t}/TA_{i,t-1} = \alpha_1 1/TA_{i,t-1} + \alpha_2 \Delta REV_{i,t}/TA_{i,t-1}$$
$$+ \alpha_3 PPE_{i,t}/TA_{i,t-1} + \varepsilon_{i,t} \qquad (6.7)$$

其中，α_1、α_2、α_3 表示式（6-7）的 OLS 估计值；$TAC_{i,t}$ 表示经上期期末总资产调整的 i 公司第 t 期的总应计利润；$TA_{i,t-1}$ 表示上期期末总资产；$\Delta REV_{i,t}$ 表示公司 i 第 t 期销售收入与第 t-1 期销售收入差额；$PPE_{i,t}$ 表示公司 i 第 t 期期末总的厂房、设备等固定资产原值。

最后，计算可操控性应计利润 $DA_{i,t}$，即：

$$DA_{i,t} = TAC_{i,t} - NDA_{i,t} \qquad (6.8)$$

2. 被解释变量——真实盈余管理。参考科恩和扎罗温（Cohen and Zarowin，2010）的文章，用真实盈余管理来作为衡量盈余管理的另外一种指标进行变量替换检验，中间涉及异常现金流、异常生产成本和异常费用三个指标的构建，同时参照方红星和刘椒花（2018）真实盈余管理水平计算过程如下。

（1）现金流模型：

$$\frac{CFO_{i,t}}{A_{i,t-1}} = \beta_0 + \beta_1 \left[\frac{1}{A_{i,t-1}} \right] + \beta_2 \left[\frac{S_{i,t}}{A_{i,t-1}} \right] + \beta_3 \left[\frac{\Delta S_{i,t}}{A_{i,t-1}} \right] + \epsilon_{i,t} \quad (6.9)$$

（2）产品成本模型：

$$\frac{PROD_{i,t}}{A_{i,t-1}} = \beta_0 + \beta_1 \left[\frac{1}{A_{i,t-1}} \right] + \beta_2 \left[\frac{S_{i,t}}{A_{i,t-1}} \right] + \beta_3 \left[\frac{\Delta S_{i,t}}{A_{i,t-1}} \right] + \beta_4 \left[\frac{\Delta S_{i,t-1}}{A_{i,t-1}} \right] + \epsilon_{i,t}$$

$$(6.10)$$

（3）费用模型：

$$\frac{DISEXP_{i,t}}{A_{i,t-1}} = \beta_0 + \beta_1 \left[\frac{1}{A_{i,t-1}} \right] + \beta_2 \left[\frac{S_{i,t-1}}{A_{i,t-1}} \right] + \epsilon_{i,t} \qquad (6.11)$$

其中，$CFO_{i,t}$表示第 t 期的经营活动现金净流量；$A_{i,t-1}$表示第 t-1 期期末总资产；$S_{i,t}$表示第 t 期销售收入；$\Delta S_{i,t}$表示第 t 期的销售收入相比第 t-1 期的销售收入变动额；$\Delta S_{i,t-1}$表示第 t-1 期的销售收入相比第 t-2 期的销售收入变动额；$PROD_{i,t}$表示第 t 期的生产成本，是当期营业成本及存货变动额的总和；$DISEXP_{i,t}$表示第 t 期的可操控性费用，为销售费用与管理费用的总和。

根据财务报表公布的实际值减去模型预期值差额即为异常值，由此可以分别算出$CFOEM_{i,t}$：第 t 期的异常经营性现金流、$PRODEM_{i,t}$：第 t 期的异常生产成本、$DISXEM_{i,t}$：第 t 期的异常费用。

最后根据式（6.11）得到真实盈余管理：

$$REM = CFOEM + PRODEM + DISXEM \qquad (6.12)$$

取 REM 的绝对值。

3. 解释变量。会计准则国际趋同，参照顾水彬、燕玲等的研究方法，与国际会计准则趋同的会计准则于 2007 年 1 月 1 日开始在我国上市公司正式实施，因此，2007 年 1 月 1 日前会计准则变量取值为 0；2007 年 1 月 1 日后会计准则变量取值为 1。参照孙世敏、董馨格的做法，增加上市公司营业外收入（NOI）、资产减值损失（ALL）和公允价值变动（FV）三个解释变量作为具体会计准则的代表放在模型（6.3）和模型（6.4）中检验假设 6.2，同时考虑到在计算盈余水平时对数据进行了标准化处理，因此这里也对营业外收入、资产减值损失和公允价值按照同样的方法，除以当期总资产来做标准化处理。

4. 控制变量。为了控制其他因素对企业盈余管理的影响，参照刘俊（2012）① 采用公司治理相关变量作为控制变量，分别是：

（1）公司规模（SIZE）。公司规模越大，组织结构越完善，监管越严

---

① 刘骏. 会计准则、盈余管理方式与会计信息质量——基于中国 AB 股微利上市公司的经验证据［C］//第四届海峡两岸会计学术研讨会——会计准则，内部控制与公司治理论文集，2012.

格，公司对于盈余管理的限制和约束也就越多。但是，也有学者研究表明公司规模越大，其组织结构管理层级越多内部管理也就会越困难，企业管理约束力反而越差。该部分选用期末总资产对数来衡量企业规模并作为控制变量。

（2）市净率（MB）。市净率代表了股票市场的价值，市净率越高的企业盈余管理的需求也就越小，我们使用权益总市值与权益账面值的比值来衡量市净率。

（3）销售收入增长性（GROWTH）。当企业成长能力较强时，可持续发展积极势头良好，盈余管理的需求就会减少，该部分使用相较于上一年的资产增长率来衡量企业增长性。

（4）资金周转率（TAT）。资金周转率越强代表企业的经营能力越好。企业有较强的盈利可能，就会降低企业进行盈余管理的动机。

（5）资产负债率（LEV）。公司资产负债率越高，财务风险也就越高，进行盈余管理的动机也就越强。

各变量含义定义如表6-1所示。

表6-1　　　　　　　　　　　各变量含义定义

变量符号	变量名称	变量计算
DA	盈余管理水平代表的会计信息质量	修正的 Jones 模型进行估计
CAS	会计准则国际趋同	会计准则国际趋同事件哑变量，2006 年及以前取值为 0，2007 年及以后取值为 1
NOI	营业外收入	企业营业外收入/当期总资产
AIL	资产减值损失	企业资产减值损失/当期总资产
FV	公允价值变动	企业公允价值变动收益/当期总资产
SIZE	公司规模	ln（资产总额）
MB	市净率	权益总市值/权益账面值
GROWTH	销售收入增长性	销售收入相对于上一年增长率
TAT	资金周转率	营业收入/资产总额
LEV	资产负债率	负债总额/资产总额
Indu	行业虚拟变量	按照中国证监会 2012 年发布的行业分类标准

6.4 描述性统计与相关性分析

图 6 - 2 展示了应计盈余管理（DA）2002～2021 年均值变化情况，整体来看，2006 年均值最大，随着 2007 年新会计准则实施之后 DA 值整体上呈下降趋势。

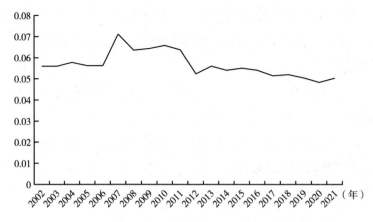

图 6 - 2　2002～2021 年各年应计盈余管理水平均值

图 6 - 3 展示了真实盈余管理水平（REM）2002～2021 年均值变化情况，REM 变化起伏较大，2002～2012 年之间 REM 整体水平较高，2012 年之后整体呈下降趋势。整体来看，真实盈余管理水平在 2011 年之后都呈下降趋势。

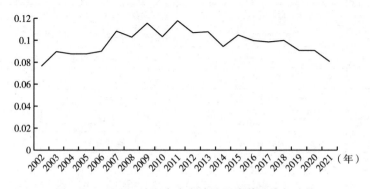

图 6 - 3　2002～2021 年各年真实盈余管理水平均值

表6-2对全样本进行描述性统计。从全样本变量描述性统计可以看出，应计盈余管理（DA）均值为0.06，中位数为0.039013，说明较多的样本企业应计盈余管理水平超出中位数，标准差为0.05，说明排除极端值后样本数据离散程度小，较为稳定，但是样本企业间存在个体差异，样本数据最大值和最小值极差均在合理范围内；真实盈余管理方式REM1均值为0.1，中位数为0.063，反映了较多的样本企业真实盈余管理水平也超出中位数这一现象，标准差为0.11说明样本数据波动幅度较小，较为稳定，最大值和最小值极值在合理范围；对比应计盈余和真实盈余的数据统计情况发现，样本企业数据显示出的真实盈余管理水平数据要高于应计盈余管理水平，表明企业更多的是通过真实盈余管理这一行为来调增利润，这一点与大部分学者研究结论相一致，也与现在很多企业偏向采用真实盈余管理这一现象相符。

表6-2　　　　　　　　　全样本主要变量描述性统计

变量	样本数（个）	均值	中位数	标准差	最小值	最大值
DA	26 057	0.06	0.039013	0.05	0.000729	0.270
REM	26 057	0.1	0.0638554	0.11	0.000254	0.620
NOI	26 057	0.0519787	0.0121157	0.1417437	0.0000204	1.078774
AIL	26 057	0.062837	0.0071639	0.245317	-0.3091972	1.915383
FV	26 057	0.004574	0	0.0317099	-0.0692765	0.2475006
SIZE	26 057	20.47	20.37915	1.62	15.96	24.86
MB	26 057	0.2304	0.1530895	1.287	-5.853	7.022
LEV	26 057	0.470	0.477519	0.2	0.07	0.89
TAT	26 057	0.7	0.5863	0.5	0.07	2.93
GROWTH	26 057	0.17	0.1103	0.4	-0.58	2.5

解释变量营业外收入均值为0.0519787，中位数为0.0121157，说明样本中有较多的企业营业外收入处于中等偏上的水平，标准差为0.1417437属于可接受范围，最大值和最小值均处于合理区间。资产减值损失均值为0.062837，中位数为0.0071639，说明大部分样本企业计提资产减值为正向，标准差为0.245317，说明样本企业的离散程度差异较小，处于合理区间，最大值和最小值表现均具有代表性。公允价值变动损益均值为0.004574，中位数为0，标准差为0.0317099，说明样本企业使用公允价值进行盈余调整均

处于合理范围内，样本数据对研究结论不会造成很大的不稳定性干扰，最大值和最小值范围也处于合理范围。

除了对全样本进行描述性统计，为了研究需要，该部分还分别对 2007 年会计准则变革前后以及 2017 年金融工具、新收入准则、套期准则以及政府补助准则变革前后进行盈余管理水平分组描述性统计，具体情况如表 6 – 3、表 6 – 4 和表 6 – 5 所示。

表 6 – 3 对 2007 年之前样本企业变量进行描述性统计，2002 ~ 2006 年样本数据为 4 224，DA 均值为 0.0564，中位数为 0.0412，说明大部分样本公司 DA 水平高于中位数，标准差为 0.0532，最小值与最大值极值差异较大，说明样本公司 DA 水平存在较大的个体差异。根据两种计算真实盈余管理的方式，两种真实盈余管理计算方式统计的样本均值、中位数和标准差差别不大，极值表现有一定的差异，但是从样本描述性统计结果来看均能够代表样本的分布情况。对比应计盈余水平和真实盈余水平，真实盈余水平要高于应计盈余水平。该阶段样本企业营业外收入均值为 0.0245，中位数为 0.00445，标准差为 0.0881，可以看出样本分布较均匀，极值差异较大，能够代表样本的差异性。该阶段资产减值损失为 – 0.000000649，中位数为 0，标准差为 0.000423，可以看出该阶段样本企业资产减值损失水平较弱，最小值和最大值极值处于合理区间，能够代表样本的差异性。由于 2007 年新会计准则正式使用公允价值计量，所以在 2007 年以前样本企业公允价值变动损益各项值均为 0，这一统计结果符合事实。

表 6 – 3　　　　　　　　　2002 ~ 2006 年样本描述性统计

变量	样本数	均值	中位数	标准差	最小值	最大值
DA	4 224	0.0564	0.0412	0.0532	0.000745	0.274
REM	4 224	0.0866	0.0598	0.0929	0.000238	0.627
NOI	4 224	0.0245	0.00445	0.0881	0.0000204	1.079
AIL	4 224	– 6.49E – 06	0	0.000423	– 0.0275	0.0000836
FV	4 224	0	0	0	0	0
SIZE	4 224	20.01	19.9836	1.301	16.03	24.88
MB	4 224	21.93	12.15	107.7	– 614.8	720.3

续表

变量	样本数	均值	中位数	标准差	最小值	最大值
LEV	4 224	0.492	0.506	0.176	0.0735	0.896
TAT	4 224	0.699	0.55535	0.535	0.076	2.982
GROWTH	4 224	0.213	0.1617	0.401	-0.569	2.605

表 6 - 4 对 2007 ~ 2017 年间样本企业变量进行描述性统计，2007 ~ 2017 年样本数据为 16 221，DA 均值为 0.0578，中位数为 0.0407，说明大部分样本公司 DA 水平高于中位数，标准差为 0.0557，最小值与最大值极值差异较大，说明样本公司 DA 水平存在较大的个体差异。对比应计盈余水平和真实盈余水平，同样是真实盈余水平要略高于应计盈余水平。该阶段样本企业营业外收入均值为 0.0673，中位数为 0.02，标准差为 0.159，可以看出样本分布较均匀，极值差异较大，能够代表样本的差异性。该阶段资产减值损失均值为 0.0737，中位数为 0.0152，标准差为 0.242，可以看出该阶段样本企业资产减值损失水平略高于会计准则改革之前，最小值和最大值极值处于合理区间，能够代表样本的差异性。公允价值变动收益均值为 0.00183，中位数为 0，标准差为 0.0228，说明在该阶段样本企业通过公允价值对企业资产进行了相应的估算，最大值和最小值极值处于合理区间，能够代表样本的差异性。

表 6 - 4 　　　　　　　　2007 ~ 2017 年样本描述性统计

变量	样本数	均值	中位数	标准差	最小值	最大值
DA	16 221	0.0578	0.0407	0.0557	0.000745	0.274
REM	16 221	0.105	0.0669	0.117	0.000238	0.627
NOI	16 221	0.0673	0.02	0.159	2.04E - 05	1.079
AIL	16 221	0.0737	0.0152	0.242	-0.309	1.915
FV	16 221	0.00183	0	0.0228	-0.0693	0.248
SIZE	16 221	20.46	20.36	1.632	16.03	24.88
MB	16 221	17.58	146.4	-614.8	720.3	17.58
LEV	16 221	0.478	0.485	0.201	0.0735	0.896
TAT	16 221	0.724	0.602	0.519	0.076	2.982
GROWTH	16 221	0.184	0.111	0.432	-0.569	2.605

表 6 - 5 对 2018～2021 年间样本企业变量进行描述性统计，2018～2021 年样本数据为 5 612，DA 均值为 0.0505，中位数为 0.0345，说明大部分样本公司 DA 水平高于中位数，标准差为 0.051，最小值与最大值极值差异较大，说明样本公司 DA 水平存在较大的个体差异。对比应计盈余水平和真实盈余水平，同样是真实盈余水平要略高于应计盈余水平。该阶段样本企业营业外收入均值为 0.0284，中位数为 0.00386，标准差为 0.113，可以看出样本分布较均匀，极值差异较大，能够代表样本的差异性。该阶段资产减值损失均值为 0.0786，中位数为 0.00455，标准差为 0.327，可以看出该阶段样本企业资产减值损失水平略高于前两个阶段，最小值和最大值极值处于合理区间，能够代表样本的差异性。公允价值变动收益均值为 0.016，中位数为 0.000142，标准差为 0.0548，说明在该阶段样本企业通过公允价值对企业资产进行了相应的估算，最大值和最小值极值处于合理区间，能够代表样本的差异性。

表 6 - 5   2018～2021 年样本描述性统计

变量	样本数	均值	中位数	标准差	最小值	最大值
DA	5 612	0.0505	0.0345	0.051	0.000745	0.274
REM	5 612	0.0928	0.0615	0.101	0.000238	0.627
NOI	5 612	0.0284	0.00386	0.113	2.04E - 05	1.079
AIL	5 612	0.0786	0.00455	0.327	- 0.309	1.915
FV	5 612	0.016	0.000142	0.0548	- 0.0693	0.248
SIZE	5 612	20.83	20.75	1.686	16.03	24.88
MB	5 612	19.86	13.43	103.9	- 614.8	720.3
LEV	5 612	0.451	0.446	0.191	0.0735	0.896
TAT	5 612	0.697	0.599	0.48	0.076	2.982
GROWTH	5 612	0.141	0.0952	0.346	- 0.569	2.605

表 6 - 6 展示了全样本变量相关性检验结果。从全样本变量相关性检验结果来看，真实盈余管理与应计盈余之间显著正相关。会计准则变革和应计盈余管理负相关，但是并不显著。会计准则变革与真实盈余管理显著正相关，即随着会计准则变革，企业真实盈余管理水平得到提升，这一点与我们的假设相反，可以作为研究假设的初步验证。营业外收入与盈余管理水平之

间显著正相关,即营业外收入越高,企业盈余管理水平也就越高,营业外收入与会计准则改革显著正相关,也就是说随着会计准则改革的深入以及收入准则的变化带给企业更多的盈余管理空间。资产减值损失与盈余管理显著正相关,与会计准则变革显著正相关,也在一定程度上反映了会计准则变革以及资产减值准则给予企业较多的盈余调整空间。公允价值变动损益与应计盈余显著正相关,与真实盈余管理正相关但是初步检验不显著,说明公允价值变动也为盈余管理提供了调整空间,公允价值变动收益与会计准则变革显著正相关,在一定程度上也反映了公允价值的引入对盈余管理带来的正向影响。总体上来看,变量之间不存在较强的多重共线性可能。

表 6 – 6   **全样本变量相关性检验结果**

变量	DA	REM	CAS	NOI	AIL	FV	SIZE	MB	LEV	TAT	GROWTH
DA	1										
REM	0.2091 *	1									
CAS	− 0.0030	0.0497 *	1								
NOI	0.1316 *	0.1267 *	0.0852 *	1							
AIL	0.1714 *	0.0738 *	0.1127 *	0.3058 *	1						
FV	0.0393 *	0.00770	0.0634 *	0.0711 *	0.1363 *	1					
SIZE	− 0.2047 *	− 0.1749 *	0.1240 *	− 0.3546 *	− 0.2644 *	− 0.0798 *	1				
MB	− 0.0647 *	− 0.00900	0.0038	− 0.0187 *	− 0.0214 *	− 0.00430	− 0.0167 *	1			
LEV	0.1071 *	0.0198 *	− 0.0401 *	0.0322 *	0.0682 *	0.000100	0.2302 *	− 0.0470 *	1		
TAT	0.0366 *	0.1745 *	0.0127	− 0.0153	− 0.0327 *	− 0.0386 *	0.0645 *	− 0.000200	0.1109 *	1	
GROWTH	0.1138 *	0.1781 *	− 0.0364 *	0.0285 *	− 0.00960	− 0.0101	− 0.00150	0.0181 *	0.0544 *	0.1573 *	1

注:表中为 Pearson 相关系数值, * 表示在 10% 的置信水平上通过显著性检验。

6.5　实证检验结果与分析

表 6 – 7 展示了模型 (6.1) 和模型 (6.2) 的回归结果,从模型 (6.1) 回归结果可以看出会计准则国际趋同事件 (CAS) 与企业应计盈余管理 (DA) 正相关,也就是随着会计准则改革的开展,企业进行应计盈余管理的

水平也随着提高，这点与我们的研究假设相反，这一研究结论与徐颖等
（2013）、刘晓华（2009）等研究结论相似。由此可见，高质量的会计准则
是高质量会计信息的必要条件，但并不是充分条件。

表6-7　　　　　　　模型（6.1）和模型（6.2）回归结果

项目	DA	REM
常数项	0. 1973144 *** (0. 000)	0. 3279266 *** (0. 000)
CAS	0. 0057096 *** (0. 000)	0. 0230456 *** (0. 000)
SIZE	− 0. 0082113 *** (0. 000)	− 0. 0148665 *** (0. 000)
MB	− 0. 0000259 *** (0. 000)	− 0. 0000123 *** (0. 000)
LEV	0. 0408824 *** (0. 000)	0. 0412317 *** (0. 000)
TAT	0. 0024121 *** (0. 000)	0. 030593 *** (0. 000)
GROWTH	0. 0144887 *** (0. 000)	0. 0367601 *** (0. 000)
行业	控制	控制
年份	控制	控制
F 值	342. 02	419. 98
R^2	0. 0842	0. 1014
观测值	26 057	26 057

注：括号中的数字表示标准误，*** 表示 $p < 0.001$。

从模型（6.2）回归结果来看，会计准则国际趋同事件哑变量（CAS）
与真实盈余管理（REM）之间显著正相关，说明新会计准则的实施一定程度
上带来真实盈余管理水平的提升，这一研究结论与于悦（2016）、唐露月
（2021）等研究结论相似，更高质量的会计准则并不能从源头上杜绝企业盈
余管理行为，因为盈余管理是企业管理活动中对盈余行为的有意控制，会计
准则变革只能是实现对盈余管理行为的约束，但是会计准则变革如果增加了

企业盈余管理，这无疑与会计准则变革的初衷相悖。

模型（6.1）和模型（6.2）的回归结果均显示会计准则国际趋同事件哑变量与企业盈余管理水平正相关。准则变革的初衷是希望通过更高质量的会计准则来对企业会计和财务管理行为进行约束，希望高质量的会计准则能够带来高质量的财务信息，能够更加真实地反映企业的经营状况，但是具体准则的执行以及企业盈余管理动机会促使企业在具体准则执行过程中形成"上有政策、下有对策"的局面，这一结果也提醒准则的制定和监督部门应该加强准则执行的指导和监管力度，加大对企业财务报表编报合乎规范的检查力度，从而更好地促进高质量准则的执行和应用，达到会计信息真实透明有用的目的。另外，采用双向固定模型，控制个体和时间效应后发现，随着准则执行进程的推移，企业应计盈余管理水平和第二种方法计算的真实盈余管理得到了一定程度的控制，这一结果符合会计准则变革的预期经济后果，通过降低企业盈余管理水平来向利益相关者提供更加真实的会计信息。

根据模型（6.3）和模型（6.4），我们分别从公司营业外收入、资产减值损失和公允价值变动收益三项具体准则来检验会计准则变革对企业应计盈余管理和真实盈余管理的影响。表6-8展示了对模型（6.3）和模型（6.4）的回归结果：从回归结果来看，会计准则国际趋同与应计盈余管理正相关，这一研究结论与以上研究结论一致。公司营业外收入与应计盈余管理显著正相关，说明收入准则可以成为企业应计盈余管理的一个途径。资产减值损失与应计盈余管理显著正相关，说明资产减值损失也是企业进行应计盈余管理的一个重要手段，企业可以通过对资产减值损失来调整盈余。

表6-8　　　　　　　　　　**模型（6.3）和模型（6.4）回归结果**

项目	DA	REM
常数项	0.172881 *** （0.000）	0.3014771 *** （0.000）
CAS	0.0028959 *** （0.001）	0.0209044 *** （0.000）
NOI	−0.0073461 ** （0.004）	0.0318538 *** （0.000）

续表

项目	DA	REM
AIL	0.0215084 *** (0.000)	0.0072229 ** (0.003)
FV	0.0165274 (0.108)	−0.0499564 *** (0.000)
SIZE	−0.0069156 *** (0.000)	−0.0134718 *** (0.000)
MB	−0.000025 *** (0.000)	−0.0000114 *** (0.000)
LEV	0.0366499 *** (0.000)	0.0367968 *** (0.000)
TAT	0.0026536 *** (0.000)	0.0307369 *** (0.000)
GROWTH	0.014351 *** (0.000)	0.0365625 *** (0.000)
行业	控制	控制
年份	控制	控制
F 值	269.38	300.35
R^2	0.0937	0.1034
观测值	26 057	26 057

注：括号中的数字表示标准误，** 、 *** 分别表示 $p < 0.01$、$p < 0.001$。

模型（6.4）的回归结果显示会计准则国际趋同事件哑变量与真实盈余管理显著正相关，这一研究结论与以上研究结论一致。公司营业外收入与真实盈余管理显著正相关，说明收入准则可以成为企业真实盈余管理的一个途径；资产减值损失与真实盈余管理显著正相关，企业也会通过资产减值损失这一项目来进行盈余管理，资产减值准则也会对企业盈余管理产生直接的影响。实证研究结果还显示，公允价值变动收益与真实盈余管理显著负相关，说明公允价值计量的引入和使用一定程度上遏制了企业真实盈余管理，这一研究结论与预想的结果相反，一般认为，公允价值的引入和使用会增加企业盈余调控空间，成为企业盈余管理的主要手段（蔡利等，2018），但是从近几年最新的研究结果来看，公允价值的引入和使用一定程度上能够提高企业会计信息质量（刘晓辉，2020），这一点是由于对企业公允价值计量属性的谨慎使用，以及对企业公允价值计量使用的严格监管以及市场信息透明度的提高，使公允价值一定程度上抑制了企业真实盈余管理水平。

6.6　本章小结

本章主要从会计信息质量角度出发，一方面，理论梳理了会计准则国际趋同对企业盈余管理的影响路径，提出会计准则国际趋同可以通过影响应计盈余管理和真实盈余管理两种路径；另一方面，实证检验了会计准则国际趋同对应计盈余管理水平和真实盈余管理水平的影响，研究结果发现，会计准则国际趋同时间虚拟变量与应计盈余管理和真实盈余管理显著正相关，这是由于新准则的计量方式和执行要求给予管理者较大的自主选择权，扩大了盈余管理空间。同时，从金融工具、收入、套期和政府补助这四项具体准则角度，分别检验了营业外收入、资产减值损失、公允价值变动收益对盈余管理的影响，研究发现，这几项主要对真实盈余管理活动产生显著影响，其中营业外收入与真实盈余管理显著正相关，这说明管理者可以通过操控营业外收入活动进行盈余调整，在今后会计准则执行和监管过程中应该更加关注营业外收入的真实性和合理性。资产减值损失、公允价值变动收益和真实盈余管理显著负相关，说明准则执行过程中公允价值的使用对企业盈余操控起到了遏制作用，这是由于执行和监管过程中加大了对公允价值计量的谨慎使用和严格监管，使得管理者能够向市场提供更加真实可靠的会计信息。总体来看，该部分的研究结论能够有效支持接下来的研究。

| 第7章 |

会计准则国际趋同对企业股权融资成本的影响

7.1　基于代理冲突视角

7.1.1　基于代理冲突的理论分析

委托代理是现代企业经营最主要的特点之一，委托代理理论源于企业所有者将所有权和经营权分离，虽然并不是所有的所有者都愿意选择将经营管理权让渡给职业经理人，但是现代企业管理的演化以及专业化分工带来生产和经营管理效率的提高均使得两权分离在极大程度上满足了现代企业管理的需求。莫迪利亚尼和米勒（Modigliani and Mliller，1958）提出的 MM 理论开创了现代企业资本结构理论研究的先河。遵循 MM 理论研究，自詹森和麦克林（Jensen and Meckling，1976）提出的代理理论，后演化为契约成本理论，委托代理关系一直是现代企业管理研究的一个热门话题。委托代理理论的主要观点集中在：随着社会生产力的发展和生产规模的扩大，企业所有者存在时间、经历、知识、能力等的局限，无法行使对生产经营管理的所有职权，这个时候由于专业化分工的存在，就产生了专门从事管理工作的职业经理人，他们有着专业的知识储备、充足的时间和精力，能更好地行使被委托职权。但是在委托代理关系中，由于委托人和代理人各自追求的利益存在不一致，即委托人追求自己财富最大化，而代理人追求高薪资收入、良好舒适的工作环境、更多的闲暇时间等，这种追求利益的不一致必然会导致冲突，因此，在没有有效机制安排下的委托代理关系，代理人必然会损害委托人的利益。

　　进一步讲，委托代理理论是建立在非对称信息博弈论基础上的，由于委托人和代理人对企业信息掌握的程度不一致，以及其他不可预测的风险等因素导致委托人和代理人之间的契约不完备，从而引发代理问题。现代企业管理中代理问题的核心表现在股东与管理者之间的代理冲突、大股东与小股东之间的代理冲突，而代理问题越严重的企业，财务风险越高，股权融资成本往往会越高。从企业内部来讲，可以通过企业股权结构的调整来缓解委托代理问题；从公司外部来讲，高质量的会计准则能够很好地缓和企业代理问题，因为会计准则的制定者能够客观公正地协调代理冲突各方利益。

　　因此，本章从代理冲突视角出发，通过实证检验会计准则国际趋同对企业股权融资成本的影响，来证明高质量的会计准则对企业代理冲突的缓和作用，并进一步研究了会计准则国际趋同对不同股权结构企业股权资本产生的影响。根据以上分析，该章的研究思路如图 7-1 所示。

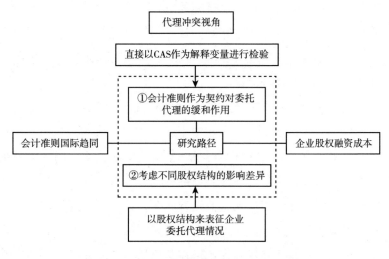

图 7-1　本章研究思路

7.1.2 基于代理冲突的研究假设

在会计准则制定和实施过程中体现出对代理冲突的缓和作用。从会计准则的制定角度来看，在会计准则制定前，我国财政部通过向各省、各地方、各企业团体下发关于制定会计准则的征求意见，各经济团体会根据实际发生的经济业务对会计实务提出规范要求，专家学者以及会计准则制定部门会针对反馈意见进行会计准则制定工作。在这一过程中，政府会计准则制定部门作为代理人，各经济利益团体的会计信息规范需求方是会计准则制定的委托人。政府部门制定会计准则一方面要考虑准则规范在实务操作中的指导作用，另一方面要考虑一项会计实务操作产生的经济后果、对社会资源配置以及社会价值产生的影响。会计准则制定后，在会计准则执行过程中，会计信息的需求方，包括投资人、企业所有者以及关注企业发展的相关人士均是委托人，而会计准则的执行者则是代理人。但在这一过程中会计信息需求者与执行者之间的代理冲突表现得就比较明显。委托人希望会计准则执行者能够完全按照会计准则规范来真实反映企业经营状况，但是代理人则希望能够借机将企业经营状况粉饰得更好，从而获得更多的个人利益。但是，随着会计准则的国际趋同，对企业会计信息披露规范化要求的增加，要求会计工作人员更加透明地反映企业经营管理状况。在规则制度上减少经理人对企业财务状况的干预，从而为企业所有者提供一份更加客观公正翔实的财务报告，从而缓解企业面临的委托代理问题。

会计准则的制定尤其是更高质量的会计准则适当的缓和了企业股东与管理者的委托代理问题，以及大股东与中小股东的委托代理问题。一方面，新会计准则或者更高质量的会计准则通过信号传递，向资本市场传递我国会计信息质量提高、委托代理问题通过契约的方式得到有效缓和，企业管理者对新会计准则的执行能够真实反映企业经营状况，委托人能够及时准确地得到企业盈利和亏损情况，能够及时保证企业所有者的利益，使所有者作出更准确的判断和决策，降低所有者面临的潜在信息风险，从而降低企业所有者的风险回报率。另一方面，从契约角度来看，选择会计准则国际趋同，对企业管理者的经营管理能力和风险管理识别提出了更大的挑战，企业经营状况能够及时高质量地反馈给信息需求方。政府作为会计准则的缔结者，在考虑社会资源合理利用以及社会效用价值最大化的前提下，对企业管理者会计信息的制定提出更加规范化的要求，通过契约的形式有效缓和管理者和所有者之间的代理冲突。选择会计准则国际趋同实质上是对会计准则这种契约的有效升级。我国选择会计准则国际趋同，并且要求所有上市公司逐步开始实施新会计准则，这是对企业财务处理提出了新要求。并且通过多种途径向市场发出信号，能够为企业所有者和债权人提供更优质的会计信息和更真实地反映企业经营状况，从而更有利于股东和债权人作出合理决策，提升自身利益。

基于以上理论分析，我们从代理冲突视角出发，考虑新会计准则的实施是否会对企业代理冲突有缓和作用，从而降低企业股权融资成本，因此，提出假设 7.1。

H7.1：会计准则国际趋同能够降低企业股权融资成本。

自企业管理出现两权分离以来，股权结构与代理成本一直是企业管理研究的重点问题。从代理理论的两个层面来看，第一类的代理冲突来源于股东与管理者之间的利益不一致，第二类的代理冲突来源于大股东对中小股东的利益"啄食"。为了缓和第一类代理冲突，可以通过增加具有话语权的股东来加强对管理者的监督，一方面可以使管理者的管理决策和管理结果更加客观公正地体现，另一方面能够对管理者产生努力工作、追求绩效的工作压力，从而使股东的追求的利益得以保证。也可以通过对管理者进行股权激励，使管理者和股东追求目标一致，从而刺激管理者努力工作。但是这两种解决股东与管理者之间的代理冲突方式往往会稀释大股东的绝对控股权，降低大股东的剩余财富收益，是大股东不愿意接受的。然而，在股权集中度比较高的企业中，大股东拥有绝对话语权，并且大股东能够较好地控制和监督管理者，但是这样的企业容易出现"一股独大"的问题，尤其是当大股东拥有绝对控制权、大股东的权力得不到制衡时，大股东和管理者容易利用自身的绝对权优势和信息优势合谋，从而侵害中小股东的利益，这也就引发了企业管理过程中的第二类代理冲突。

由于我国市场经济处于快速发展的上升期，企业的快速发展对于资金的需求也会随之增长。在我国资本市场，由于股权融资成本较低，企业融资面临较低的门槛，以及目前我国股票市场价格上涨空间大，市场参与者对于当前经济利益的追求，对于股票市场的追求往往是非理性的，因此，企业在进行股权融资的时候吸引了大量的中小股东。但是，在股权集中度高的企业，中小股东为了进行风险规避，往往会通过加大对股票的风险溢价来保证投资回报，从而增大了企业股权融资成本。然而在股权集中度较分散的企业，由于各股东之间形成了良好的权力制衡，中小股东的利益不会被大股东严重侵害，即便如此，由于各股东之间利益均等，中小股东往往会存在"搭便车"的行为，从而造成股东对管理者的监督缺位，增加企业代理成本，这样也不符合股东利益最大化的追求目标。

在这样的代理冲突下，股东就需要政府介入，通过法律规定来对企业管理者进行有效的监督，虽然这样与股东利益最大化有矛盾冲突，但是至少这样可以保证股东的利益不会受损。因此，股东和管理者接收政府制定的会计准则，并且在政府的监督下保证会计准则的严格执行，从而为股东需要的企业经营信息提供保证。由于在股权集中程度较高的企业，股东的目标和精力比较集中，能够及时监督管理者的经营状况。而在股权集中程度分散的企业，高质量更严格的企业会计准则能够弥补股东对管理者的监督缺位。因此，我们提出假设7.2。

H7.2：会计准则国际趋同对不同股权结构的股权融资成本影响不同，对于股权分散企业的股权融资成本影响更大。

7.1.3 基于代理冲突的研究设计

吴克平和于富生（2013）利用上市公司的相关财务数据，从整体上揭示了会计准则与盈余管理的关系，发现会计准则并未显著遏制上市公司的盈余管理。李敏和张志强（2016）以盈余管理质量作为会计准则变革的代理变量，比较了会计准则变革前后盈余质量与企业融资成本变化之间的关系，研究发现会计准则变革对企业盈余管理产生影响，这种影响进而强化了会计信息质量与企业融资成本的关系。通过对以上学者的研究思路及结论分析，发现在研究会计准则国际趋同对企业融资成本的影响时，除了要考虑会计准则国际趋同事件本身对融资成本的影响。会计信息质量也应该被广泛作为传导机制来进行研究，也就是用会计信息质量来表征会计准则国际趋同。为了强化和检验我们的假设。分别加入会计信息质量及会计准则国际趋同与会计信息质量的交乘项来研究会计准则国际趋同对企业融资成本的影响。

（1）模型设计。为了检验 H7.1，应先考虑会计准则国际趋同对企业股权融资成本的影响，使用会计准则国际趋同事件哑变量作为主要解释变量，并且按照证监会公布的行业分类标准对行业进行控制，使用最小二乘法构建模型（7.1）：

$$Costequity = \alpha_0 + \alpha_1 CAS + \alpha_2 BETA + \alpha_3 SIZE + \alpha_4 BM + \alpha_5 ROA$$
$$+ \alpha_6 HSL + \alpha_7 LEV + \sum Year + \sum Indu + \varepsilon \qquad (7.1)$$

（2）变量定义。

第一，股权融资成本。根据现有的研究表明公司股权融资成本主要包括显性成本（即企业融资的资本成本，包括筹资费用和资金占用费用）和隐性成本（包括代理成本、寻租成本、有效市场下信息不对称成本、机会成本、股权稀释成本等）。关于股权融资成本的度量还未完全统一，但对我国学者大多是借鉴国外成熟的资本市场度量方式对我国股权融资成本进行度量，常见的主要有在借鉴格布哈特、李和斯瓦米纳森（Gebhardt，Lee and Swami-nathan，2001）多元回归基础上的剩余收益模型（曾颖和陆正飞，2006；蒋琰和陆正飞，2009；王生年和徐亚飞，2016）。徐向艺和方政（2010）以及叶陈刚等（2015）则使用数据获得性强、易于计算的 OJN（2005）经济增长模型来计算股权融资成本；邱玉莲和张雯雯（2014），李争光等（2016）则使用传统的 CAPM 模型计算股权融资成本，以上股权融资成本各有优劣，分别从事后和事前两个不同方面估算股权融资成本，由于剩余收益模型需要使用至少十二期的预测期间，而我们需要考虑会计准则国际趋同时间因素，所以，本书使用传统的资本资产定价模型 CAPM 来衡量企业股权融资成本（李敏和张志强，2016），公式如下：

$$r = R_F + \beta \times (R_m - R_f) \qquad (7.2)$$

其中，R_f 表示无风险报酬率，使用 10 年期国债的年收益率来代替；β 表示上市公司的系统风险系数；R_m 表示股票市场年收益率，本书选用考虑现金红利再投资的综合年市场回报率（等权平均法）。

第二，会计准则国际趋同。参照顾水彬和燕玲等的研究方法，与国际会计准则趋同的会计准则于 2007 年 1 月 1 日开始在我国上市公司正式实施，因此，2007 年 1 月 1 日前会计准则变量取值为 0；2007 年 1 月 1 日后会计准则变量取值为 1。

第三，控制变量。本书选取对企业股权融资成本产生显著影响的公司治理因素作为控制变量（曾颖和陆正飞，2006；蒋琰和陆正飞，2009；李争光等，2016），主要有 β 系数，公司规模（SIZE）、账面市值比（BM）、换手率（HSL）、资产负债率（LEV）、第一大股东持股比例（FIRS）以及行业控制变量（Indu），具体变量分析见表 7–1。

表 7–1　　　　　　　　　　变量定义

变量符号	变量名称	变量计算
Costequity	股权融资成本	资本资产定价模型进行估计
CAS	会计准则国际趋同	会计准则国际趋同事件哑变量，2006 年及以前取值为 0，2007 年及以后取值为 1
BETA	β 系数	上市公司系统风险系数
SIZE	公司规模	ln（资产总额）
BM	账面市值比	资产总额/市场价值
HSL	换手率	股票年交易量/流通股总股数
LEV	资产负债率	负债总额/资产总额
FIRS	第一大股东持股比例	第一大股东持股比例超过 50% 为 1，否则为 0
INDU	行业虚拟变量	按照中国证监会发布的行业分类标准

系统经营风险是指在公司的生产经营过程中，由于受产、供、销各个环节不确定性因素的影响所导致的资金运动迟滞、营业收入波动、公司价值变动等风险。β 系数越高，股票的市场波动性越大，企业对风险越敏感，股权融资成本越高；投资者对企业规模较大且偿债能力强的企业的经营风险预期较低，降低了对股票回报率的要求，从而股权融资成本降低；账面市值比越高的企业，其股票收益率也就越高，越具有投资价值，投资者回报期望也就

越高，因此股权融资成本也就越高；换手率越高的企业，说明股票市场活跃度也就越高，但同时股价较难控制，因此股权融资成本也会较高；公司财务杠杆即企业资产负债率，企业资产负债率越高，也就意味着企业存在较大的财务风险，那么理性的投资人就会对具有高风险的投资要求更高的回报，因此资产负债率越高，企业股权融资成本也就越高。

第一大股东持股比例越高，对于中小股东来说就可能会存在利益"啄食"的风险，因此，中小股东对投资也就会有更高的投资回报要求，股权融资成本也就越高。

该部分研究数据来源于 CSMAR 数据库，使用非均衡面板数据，样本数据筛选将金融行业、退市、PT 类、ST 类样本剔除，同时还剔除主要研究变量或控制变量数据缺失的样本。考虑到金融行业财务数据的特殊性，本部分以 2000～2021 年沪深 A 股非金融企业为研究对象，筛选得到共 39 699 个有效观测值。为了将极端值带来的影响降至最低，本部分对全部连续变量实施了缩尾处理，处理区间为 1%～99%，数据处理软件为 Stata15.1。

7.1.4　基于代理冲突的实证检验结果与分析

1. 描述性统计。

表 7-2 给出了股权融资成本相关变量的描述性统计结果，为了排除极端异常值对研究结果的影响，这里将所有变量进行了 Winsorize 作了 1% 水平的缩尾处理。从表 7-2 中可以看出，全样本中股权融资成本（Costequity）的均值为 0.0900，标准差为 0.02，中位数为 0.0940034，说明样本中股权融资成本这一指标的总体分布比较均匀。除此之外，其他控制变量描述性统计结果均显示样本总体分布均匀。

表 7-2　　　　　　　　　全样本描述性统计

变量	样本数（个）	均值	标准差	中位数	最小值	最大值
Costequity	39 699	0.0900	0.0200	0.0940034	0.0400	0.150
BETA	39 699	1.140	0.280	1.14071	0.410	2.090
SIZE	39 699	20.08	1.630	20.00469	15.58	24.56

变量	样本数（个）	均值	标准差	中位数	最小值	最大值
BM	39 699	1.200	1.020	0.895715	0.130	6.120
HSL	39 699	6.180	5.040	4.647608	0.610	26.21
LEV	39 699	0.440	0.200	0.437986	0.0600	0.900
FIRS	39 699	35.98	15.67	33.77	7.120	74.98

表7－3 展示了国有企业样本描述性统计情况，国有企业样本数量为18 831，国有企业股权融资成本均值为0.0933，标准差为0.0197，中位数为0.0929，说明国有企业样本股权融资成本这一指标的总体分布比较均匀。

表7－3　　　　　　　　　　国有企业样本描述性统计

变量	样本数（个）	均值	标准差	中位数	最小值	最大值
Costequity	18 831	0.0933	0.0197	0.0929	0.0409	0.148
BETA	18 831	1.111	0.258	1.115	0.41	2.089
SIZE	18 831	20.54	1.688	20.42	15.58	24.56
BM	18 831	1.459	1.171	1.119	0.129	6.116
HSL	18 831	4.858	3.887	3.726	0.609	26.21
LEV	18 831	0.492	0.194	0.5	0.0555	0.903
FIRS	18 831	39.92	16.37	39.28	7.12	74.98

表7－4 展示了非国有企业样本描述性统计情况，非国有企业样本数量为20 868，非国有企业股权融资成本均值为0.0954，标准差为0.0218，中位数为0.0952，比较国有企业和非国有企业样本描述性统计结果发现，非国有企业股权融资成本整体上要高于国有企业。企业风险系数描述性统计结果可以看出，非国有企业系统风险整体上也高于国有企业。企业规模描述性统计结果显示，非国有企业规模整体上要小于国有企业。账面市值比描述性统计结果可以看出，国有企业整体上账面市值比要高于非国有企业，说明国有企业整体上更具有投资价值，非国有企业发展更具有潜力。从换手率 HSL 描述性统计结果来看，虽然国有企业股票换手率整体上高于非国有企业，但是两者差别不是很大。财务杠杆描述性统计结果显示国有企业整体水平要高于非国有企业，从大股东持股比例描述性统计结果来看，国有企业整体水平要高于非国有企业。

表 7－4   **非国有企业样本描述性统计**

变量	样本数（个）	均值	标准差	中位数	最小值	最大值
Costequity	20 868	0.0954	0.0218	0.0952	0.0409	0.148
BETA	20 868	1.174	0.303	1.167	0.41	2.089
SIZE	20 868	19.67	1.467	19.71	15.58	24.56
BM	20 868	0.958	0.787	0.764	0.129	6.116
HSL	20 868	7.364	5.639	5.742	0.609	26.21
LEV	20 868	0.392	0.2	0.382	0.0555	0.903
FIRS	20 868	32.42	14.08	30.01	7.12	74.98

　　根据现有文献对股权结构和企业股权融资成本影响的文献，我们将第一大股东持股比例大于等于50%的企业视作股权集中型，将第一大股东持股比例小于50%的企业视作股权分散型（陈德萍和陈永圣，2011）。表7－5和表7－6分别对股权集中型和股权分散型企业股权融资成本进行了描述性统计，可以看出，在选择的样本企业中，股权分散型企业样本占据了总样本数量的80%左右，即样本中大部分企业为股权分散型。并且通过缩尾处理后的样本描述性统计结果显示，股权集中型和股权分散型企业股权融资成本的数据分散较为均匀。股权集中型企业股权融资成本均值为0.0926，中位数为0.0205，股权分散型企业股权融资成本均值为0.0948，中位数为0.0944，从均值和中位数分布上来看，股权分散型企业股权融资成本略高于股权集中型，这一点也可以理解为股权集中程度越高，股东对企业的干预和管理者的程度也就越高，因此对降低股权融资成本是有利的。

表 7－5   **股权集中型样本描述性统计**

变量	样本数（个）	均值	标准差	中位数	最小值	最大值
Costequity	8 297	0.0926	0.0205	0.0923	0.0409	0.148
BETA	8 297	1.098	0.273	1.102	0.41	2.089
SIZE	8 297	20.53	1.796	20.37	15.58	24.56
BM	8 297	1.4	1.107	1.067	0.129	6.116
HSL	8 297	5.139	4.891	3.516	0.609	26.21
LEV	8 297	0.45	0.198	0.45	0.0555	0.903
FIRS	8 297	59.35	7.168	57.99	50	74.98

表7-6   股权分散型样本描述性统计

变量	样本数（个）	均值	标准差	中位数	最小值	最大值
Costequity	31 402	0.0948	0.0209	0.0944	0.0409	0.148
BETA	31 402	1.156	0.286	1.151	0.41	2.089
SIZE	31 402	19.97	1.568	19.93	15.58	24.56
BM	31 402	1.142	0.987	0.855	0.129	6.116
HSL	31 402	6.449	5.048	4.979	0.609	26.21
LEV	31 402	0.437	0.204	0.435	0.0555	0.903
FIRS	31 402	29.81	10.7	29.61	7.12	50

表7-7和表7-8分别考虑会计准则变革前后，企业股权融资成本情况。从样本数量上来看，2007年会计准则变更以前样本数量占据总样本数量的18%左右，2007年会计准则变革后样本数量大约有82%，从描述性统计结果上来看，各组样本数据分布较为均匀，对比发现，2007年以前股权融资成本最大值也最低，原因可能与资本的丰裕程度有关，2007年以前股权资本来源较少以及资本水平较低，但是随着经济的发展，资本水平的提高，资本成本也随之提高。所以从时间分组上来看，描述性统计只能为我们提高一个数据分布情况，在一定程度上不能验证准则变革对股权融资成本的影响，因而该分组仅供参考。

表7-7   2007年以前样本描述性统计

变量	样本数（个）	均值	标准差	中位数	最小值	最大值
Costequity	7 133	0.0885	0.0158	0.0894	0.0409	0.148
BETA	7 133	1.07	0.248	1.086	0.41	2.089
SIZE	7 133	19.78	1.295	19.75	15.58	24.56
BM	7 133	1.452	0.864	1.25	0.129	6.116
HSL	7 133	3.528	2.294	2.865	0.609	16.44
LEV	7 133	0.467	0.178	0.476	0.0555	0.903
FIRS	7 133	42.36	16.6	41.5	7.12	74.98

表7-8   2007年以后样本描述性统计

变量	样本数（个）	均值	标准差	中位数	最小值	最大值
Costequity	17 928	0.0957	0.0216	0.0954	0.0409	0.148
BETA	17 928	1.161	0.289	1.153	0.41	2.089

续表

变量	样本数（个）	均值	标准差	中位数	最小值	最大值
SIZE	17 928	20.15	1.693	20.08	15.58	24.56
BM	17 928	1.14	1.042	0.823	0.129	6.116
HSL	17 928	6.755	5.291	5.197	0.609	26.21
LEV	17 928	0.433	0.208	0.428	0.0555	0.903
FIRS	17 928	34.58	15.1	32.59	7.12	74.98

图 7 - 2 展现了 2000 ~ 2020 年企业股权融资成本均值变化，从折线图中可以看出，该阶段企业股权融资成本起伏变化明显，全样本、国有企业、非国有企业呈现出一致的变化趋势，整体来看，非国有企业股权融资成本要稍微高于股权融资成本。

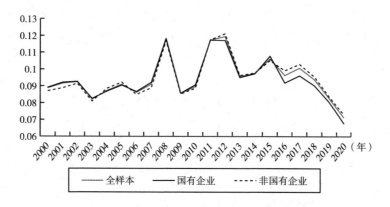

图 7 - 2　2000 ~ 2020 年上市公司股权融资成本折线图

2. 相关性分析。

表 7 - 9 给出了变量之间的相关性检验结果，从检验结果来看，解释变量会计准则国际趋同与股权融资成本相关系数为 0.28086 显著正相关，也就是说会计准则国际趋同提高了企业股权融资成本，这一点与我们的研究假设相反，但是变量之间的相关性分析不能完全作为验证研究假设的唯一标准，这里我们只能做参考，研究假设还需分组讨论以及后续回归后再做进一步分析。从各变量相关性检验来看，各解释变量之间的相关系数均比较小，即各解释变量之间相对比较独立，不存在明显的多重共线性问题。

表 7 – 9　　　　　　　　　　　股权融资成本变量相关性检验

变量	Costequity	CAS	BETA	SIZE	BM	HSL	LEV	FIRS
Costequity	1							
CAS	0. 143 ***	1						
BETA	0. 832 ***	0. 135 ***	1					
SIZE	– 0. 151 ***	0. 0948 ***	– 0. 153 ***	1				
BM	– 0. 0728 ***	– 0. 122 ***	– 0. 0945 ***	0. 393 ***	1			
HSL	0. 234 ***	0. 238 ***	0. 288 ***	– 0. 256 ***	– 0. 242 ***	1		
LEV	– 0. 0372 ***	– 0. 0650 ***	– 0. 0679 ***	0. 283 ***	0. 585 ***	– 0. 124 ***	1	
FIRS	– 0. 0494 ***	– 0. 189 ***	– 0. 108 ***	0. 160 ***	0. 136 ***	– 0. 132 ***	0. 0396 ***	1

注：表中为 Pearson 相关系数值，*** 表示在 1% 的置信水平上通过显著性检验。

表 7 – 10 和表 7 – 11 分别对股权集中型和股权分散型企业各变量之间的相关性进行检验。从股权集中型企业分组变量相关性检验结果来看，会计准则国际趋同和股权融资成本显著正相关，其他各因变量之间均相对独立，不存在明显的多重共线性问题。

表 7 – 10　　　　　　　　　股权集中型企业各变量相关性检验

变量	Costequity	CAS	BETA	SIZE	BM	HSL	LEV	FIRS
Costequity	1							
CAS	0. 1427 ***	1						
BETA	0. 8322 ***	0. 0213 ***	1					
SIZE	– 0. 1512 ***	0. 3697 ***	– 0. 0873 ***	1				
BM	– 0. 0728 ***	– 0. 0659 ***	0. 0296 ***	0. 5088 ***	1			
HSL	0. 2341 *	0. 3111 ***	0. 2066 ***	– 0. 1872 ***	– 0. 1868 ***	1		
LEV	– 0. 0372 *	0. 0443 ***	0. 0484 ***	0. 3963 ***	0. 6178 ***	– 0. 0960 ***	1	
FIRS	– 0. 0494 *	– 0. 1851 ***	– 0. 0612 ***	0. 1012 ***	0. 1229 ***	– 0. 1355 ***	0. 0095	1

注：表中为 Pearson 相关系数值，*** 、* 分别表示在 1% 、10% 的置信水平上通过显著性检验。

表 7 – 11　　　　　　　　　股权分散型企业各变量相关性检验

变量	Costequity	CAS	BETA	SIZE	BM	HSL	LEV	FIRS
Costequity	1							
CAS	0. 1832 ***	1						
BETA	0. 8584 ***	– 0. 0026	1					
SIZE	– 0. 0715 ***	0. 2732 ***	– 0. 0715 ***	1				

续表

变量	Costequity	CAS	BETA	SIZE	BM	HSL	LEV	FIRS
BM	0.0216 ***	− 0.2206 ***	0.0315 ***	0.4608 ***	1			
HSL	0.2276 ***	0.2832 ***	0.2521 ***	− 0.2011 ***	− 0.2315 ***	1		
LEV	− 0.0658 ***	− 0.0906 ***	− 0.0426 ***	0.3660 ***	0.5606 ***	− 0.1180 ***	1	
FIRS	0.0169 **	− 0.0666 ***	0.0063	0.0733 ***	0.0960 ***	− 0.0553 ***	0.0235 ***	1

注：表中为 Pearson 相关系数值，*** 、** 分别表示在1%、5%的置信水平上通过显著性检验。

从股权分散型企业分组变量相关性检验结果来看，会计准则国际趋同和股权融资成本显著正相关，其他各因变量之间均相对独立，不存在明显的多重共线性问题。

此外，我们还考虑会计准则变化前后，股权融资成本和公司治理变量之间的相关性检验。表 7 – 12 和表 7 – 13 分别对会计准则变化前后样本变量相关性进行检验，通过对准则变化前后股权融资成本和公司治理相关变量的相关性检验发现，β 系数和股权融资成本相关性系数最高，这一点也符合实际情况，表明企业风险越高，企业股权融资成本也越高。

表 7 – 12　　　　　　　　　2007 年以前各变量相关性检验

变量	Costequity	BETA	SIZE	BM	HSL	LEV	FIRS
Costequity	1						
BETA	0.9889 ***	1					
SIZE	− 0.1177 ***	− 0.1008 ***	1				
BM	0.868 ***	0.1468 ***	0.4588 ***	1			
HSL	0.1762 ***	0.1660 ***	− 0.0770 ***	0.0248 **	1		
LEV	0.0202	0.0366 ***	0.1909 ***	0.6212 ***	0.0872 ***	1	
FIRS	− 0.0267 **	− 0.0347 ***	0.1824 ***	− 0.0256 **	− 0.1083 ***	− 0.1412 ***	1

注：表中为 Pearson 相关系数值，*** 、** 分别表示在1%、5%的置信水平上通过显著性检验。

表 7 – 13　　　　　　　　　2007 年以后各变量相关性检验

变量	Costequity	BETA	SIZE	BM	HSL	LEV	FIRS
Costequity	1						
BETA	0.8550 ***	1					
SIZE	− 0.1244 ***	− 0.0809 ***	1				
BM	0.0538 ***	− 0.0103	0.5975 ***	1			
HSL	0.1755 ***	0.2766 ***	− 0.3532 ***	− 0.2222 ***	1		

续表

变量	Costequity	BETA	SIZE	BM	HSL	LEV	FIRS
LEV	− 0. 0437 ***	− 0. 0396 ***	0. 4513 ***	0. 5602 ***	− 0. 1322 ***	1	
FIRS	0. 0127 *	− 0. 0267 ***	0. 2329 ***	0. 1751 ***	− 0. 0866 ***	0. 0602 ***	1

注：表中为 Pearson 相关系数值，*** 、* 分别表示在 1% 、10% 的置信水平上通过显著性检验。

3. 模型回归结果分析。

表 7 - 14 汇报了实证检验结果，实证结果分别从全样本，股权集中型和股权分散型三组来进行展示。从表 7 - 14 回归结果显示，全样本回归判定系数（R^2）为 0. 995，说明模型拟合效果较好，F 统计值为 > 99 999. 00，P = 0. 0000，在 0. 001 的水平上显著，显示模型解释度良好。回归结果显示，会计准则国际趋同与企业股权融资成本负相关，支持 H7. 1。

表 7 - 14　　　　　　　　　　模型回归结果

项目	全样本	股权集中型	股权分散型
常数项	0. 0254 *** (0. 000)	0. 0252 *** (0. 000)	0. 0254269 *** (0. 000)
CAS	− 0. 0185 *** (0. 000)	− 0. 0177 *** (0. 000)	− 0. 0186613 *** (0. 000)
BETA	0. 0623 *** (0. 000)	0. 0627 *** (0. 000)	0. 0621603 *** (0. 000)
SIZE	− 0. 0000380 *** (0. 000)	− 0. 0000383 *** (0. 000)	− 0. 0000349 *** (0. 000)
BM	0. 000117 *** (0. 000)	0. 0000677 *** (0. 000)	0. 0001321 *** (0. 000)
HSL	0. 0000148 *** (0. 000)	0. 00000325 0. 436	0. 0000189 *** (0. 000)
LEV	− 0. 000381 *** (0. 000)	− 0. 000211 * 0. 051	− 0. 0004255 *** (0. 000)
FIRS	0. 00000163 ** (0. 002)	− 0. 00000318 0. 136	3. 20e − 06 *** (0. 000)
行业	控制	控制	控制
年份	控制	控制	控制
F 值	> 99 999. 00	> 99 999. 00	43 417. 82

续表

项目	全样本	股权集中型	股权分散型
R^2	0.995	0.9947	0.9958
观测值	36 493	7 561	28 932

注：括号内为相关系数值，*** 、** 、* 分别表示在 1%、5% 和 10% 的水平上通过显著性检验。

股权集中型企业样本和股权分散型企业样本回归判定系数（R^2）分别为 0.9947 和 0.9958，说明模型拟合效果较好，F 统计值为 > 99 999.00，P = 0.0000，在 0.001 的水平上显著，显示模型解释度良好。回归结果显示，会计准则国际趋同对不同股权结构企业股权融资成本均产生负向影响，即会计准则国际趋同能够显著降低不同股权结构类型企业的股权融资成本，但是对股权分散型企业股权融资成本的影响最大，说明会计准则的执行对企业信息披露水平提出了更高的要求，投资人能够得到更多的企业经营信息，一定程度上能够降低经营者和所有者之间的信息不对称性，对于股权分散型企业的投资人来说，作为公司的中小股东也能够了解到企业更多的经营信息，一定程度上能够缓解中小股东的信息壁垒，缓解中小股东与大股东之间的信息冲突，提高中小股东对企业经营管理者的信任度，因而一定程度上能够降低企业股权融资成本。因此，以提高会计信息质量为目标的会计准则变革对股权分散型企业产生更大的影响。此研究结论支持 H7.2。

其余解释变量回归结果主要解释了风险因子、企业特征等因素对企业股权融资成本的影响。从回归结果来看，BETA 系数与股权融资成本显著正相关，且三组样本回归系数差异不大。由于经营风险带来未来结果的不确定性，会直接影响公司现金流动的稳定性以及获利能力，投资者要求的回报率必然上升。因此，公司的经营风险越大，相应的股权融资成本就越高，这一结论在不同股权结构类型企业中均适用。

企业规模（SIZE）与股权融资成本显著负相关，即公司规模越大的企业，其股权融资成本也就会越低。在比较成熟的资本市场中，投资者一般认为，主营业务已经成熟且规模大的公司具有较稳定的现金流量，可以优先使用与外部资本市场所筹集资本成本相比更为便宜的内部资金，以提高公司资本的使用效率，从而减少交易费用，降低融资成本。另外，规模较大的公司基本情况更容易为外界公众所了解，从而有利于降低由于信息不对称所带来的公司融资的额外成本，股权融资成本也会随之减少。再者，规模大且信誉佳的公司，违约风险的概率小，投资者会降低期望报酬率。因此，公司规模与股权融资成本呈负相关关系，曾颖和陆正飞（2006）、周冬华和王晶（2017）也得出类似结论。企业规模与股权融资成本显著负相关在不同股权结构企业中结论均一致。

企业账面市值比（BM）与企业股权融资成本正相关，也就是账面市值比越高，股权融资成本越高；反之，账面市值比越低，股权融资成本也就越低。这是由于在股票市场上，账面市值比较高的公司面临较高的系统风险（曾颖和陆正飞，2006），因此投资者就更加重视资金配置的收益问题，会要求有更高的资金回报率，所以导致较高的融资成本。对于账面市值比较低的企业，投资者的资本回报率预期也就会更低，所以股权融资成本就会更低。从三组回归结果对比情况来看，股权分散型企业账面市值比与股权融资成本正相关系数较高，说明股权分散企业投资者更加关注企业账面市值比情况。

股票换手率（HSL）在全样本和股权分散型样本中与企业股权融资成本显著正相关，说明在股权分散型企业中股票流动性高可能会存在较高的风险，因此股票融资成本也会较高。一般而言，流动性强的股票更容易受到投资者的青睐，触发他们的投资热情，促使股价上升。当资本市场上某只股票价格飙升，买盘大于卖盘，投资者所要求的投资回报率会有所减少，使得股权融资成本相应降低；相反，如果股票流动性越差，其交易成本也就越大，投资者会因为持有流动性差的股票而要求得到较高的风险补偿，从而导致股权融资成本的升高。这一研究结论在股权集中型企业样本中并不显著，这是由于在股权高度集中的企业其股票换手率要低于股权分散型企业，因此股票换手率对股权融资成本的影响并不那么显著。

企业负债率（LEV）与股权融资成本显著负相关。公司财务杠杆系数的高低直接关系到财务风险的大小，财务杠杆系数越高，表明其负债水平越高，公司面临的财务风险也越大，将会导致股票价格的下降。一般认为，理性的投资者都是排斥风险的，当财务杠杆系数增大时，投资者会要求用较高的回报率弥补由于财务风险增加而导致的股价下跌风险，从而使股权融资成本有所提高。因此，财务风险的增大将会引起公司股权融资成本的上升。这一研究结论在不同股权结构类型企业中均一致。

第一大股东持股比例（FIRS）在全样本和股权分散型样本中与股权融资成本显著正相关。说明第一大股东持股比例会影响其他投资者对企业经营管理的预判和信心，因为第一大股东持股比例越高，就越会存在对其他中小股东利益"啄食"的风险，其他中小股东为了更大程度上预防对自身利益造成侵害，就会要求第一大股东持股比例高的企业有更高的回报来抵御这种风险，因此在股权分散型企业中这种正向关系表现得非常明显。但是在股权集中型样本中，第一大股东持股比例与股权融资成本负相关，但是不显著。在一定程度上能够反映出第一大股东持股比例对企业股权融资成本产生的影响。

4. 稳健性检验。

全样本、股权集中型和股权分散型企业样本回归结果初步检验了会计准则国际趋同对企业股权融资成本的影响，出于谨慎性考虑，本部分使用了方差膨胀因子（VIF）值检验的方式对模型进行了稳健性检验，检验结果发现，各个变量的 VIF 值控制在 1～4，说明模型中各个变量之间的方差膨胀因子并不大，表明这些模型不存在严重的多重共线性问题。

7.2　基于信息不对称视角

7.2.1　基于信息不对称理论分析

阿克洛夫（Akerlof，1997）认为，由于市场上进行交易的双方对信息掌握程度不同，拥有较多信息或者完全信息的一方在交易中处于有利的地位，而拥有较少信息或者不完全信息的一方在交易中处于不利地位。在资本市场中，信息不对称主要表现为管理者和投资者之间的信息不对称，以及不同投资者之间的信息不对称，在企业进行资本筹集过程中，信息不对称能否有效得到缓和，或者企业信息披露质量的高低直接影响到企业资本成本的高低。

从会计准则国际趋同的目的出发，会计准则国际趋同主要是提高企业会计信息质量，减少企业与投资人以及投资人之间的信息不对称，从而提高企业投资效率，降低企业融资成本。基于中国特殊的资本市场情况，我们在进行股权融资成本实证研究时还需要考虑企业产权性质差异。

因此，本章从信息不对称视角出发，研究会计准则国际趋同带来会计信息质量的变化对企业股权融资成本产生的影响，并结合我国市场经济发展的特殊性，进一步考虑会计准则国际趋同对不同产权性质企业股权融资成本的影响差异。本章的研究思路如图 7 - 3 所示。

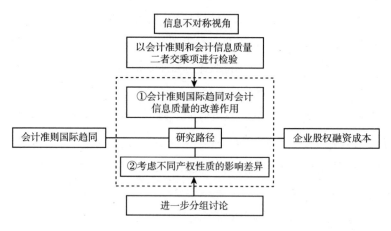

图 7 - 3   本章研究思路

7.2.2   基于信息不对称的研究假设

股权融资是企业获得资金的重要方式之一。从投资者角度来看，股权融资成本其实是一种放弃其他投资机会收益的机会成本，指的是投资者对其权益投资要求的风险报酬率。资本资产定价理论通过探讨资产风险与收益之间的关系来计算股权融资成本。也就是说，风险越小，投资者要求的补偿越小；风险越大，投资者要求的风险补偿也就越大。投资人所承担的风险主要来自资本市场的信息不对称。一方面表现为股东与管理层之间的信息不对称，即代理问题。上市公司为了筹集到资金，往往会有夸大公司价值的动机，隐瞒不良信息而向市场传达"好消息"，在信息披露不规范、透明度不高的资本市场，这种行为会带来更高的道德风险，投资者往往无法判断真正的"好消息"和"坏消息"，就会增加风险预测要求更高的资本回报，这样就会增加股权融资成本。另一方面表现为大股东和中小股东之间的信息不对称，由于大股东处于信息优势地位，为了自身利益最大化，他们有时也会干扰会计信息质量的披露，就会造成大股东对中小股东的利益"啄食"。由于信息不对称的存在，投资者往往会通过寻求价格保护机制来降低代理成本，这样就产生了逆向选择问题，而这种逆向选择则会增加企业股权融资成本。

兰伯特等（Lambert et al.，2011）认为，可以通过改进会计信息质量来提高投资者对会计信息判断的精准度，从而降低资本成本。解决信息不对称问题，一方面可以通过完善公司管理机制来降低信息不对称，公司综合治理机制的提高能够促进股权融资成本降低，公司治理机制越完善意味着该公司有的信息不对称程度越低，投资人的利益也就更有保障。代理人有向市场提供更加透明的会计信息质量的动机，愿意主动提供更多的信息传递给潜在投资者，这样潜在投资者就会降低风险预测，从而减少所要求的回报率，达到降低股权融资成本的目的。另一方面，高质量的会计准则是产生高质量会计信息的前提，完善的准则对会计处理提出了更严格、更规范的操作要求，也使会计信息更真实地反映企业的经营现状，从而为会计信息需求者提供更加透明的信息。

我国会计准则国际趋同的主要目标是提高会计信息的可靠性和可比性。新会计准则在内容上的变化主要表现在除了增加了若干条具体会计准则，同时还对已有的会计准则进行了修订与补充，并且将重要的经济业务准则单列，突出其重要性，这样使企业提供的会计信息更能真实地反映企业经营活动情况。除了准则内容的变化，会计理念也发生了新的变化，主要表现为：一是财务报告目标的转变，由受托责任观转向决策有用观，能够更好地满足投资者的需求，降低信息不对称。二是计量属性的转变，由历史成本观转向公允价值计量。这一理念的转变，使股东能够及时了解股权价值的变化，满足股东对会计信息的需求。三是会计收益确认的转变，由传统的收入费用观转向资产负债观，这样能够更及时地反映企业的真实价值。会计准则国际趋同不仅表现在形式上的趋同，2011 年我国会计准则与国际会计准则已达到实质趋同。而会计准则国际趋同后，采用高质量的会计准则所带来的会计信息质量的改变，能否降低投资者与管理层之间的信息不对称，从而降低代理冲突，使得企业股权融资成本降低？这将是本部分研究的重点。因此，该部分提出相关研究假设 7.3 和假设 7.4。

H7.3：会计准则国际趋同带来会计信息质量的变化能够降低企业股权融资成本。

H7.4：会计信息质量的变化能够强化会计准则国际趋同对企业股权融资成本的相关影响。

国有企业在进行融资过程中，国有企业享有较高的"预算软约束"，当国有企业进行债务融资时候，银行对国有企业的政治背景关注度要超过对企业盈利能力和经营状况的关注，因此，国有企业的会计信息质量在企业进行债务融资时对企业的融资成本影响并不是很大。而非国有企业在进行融资过程中将会面临更多的障碍和困难，在债务融资过程中，银行等金融机构会特别重视企业的盈利能力和偿债能力，并且会严格要求企业进行财务信息披露。在非国有企业进行股权融资过程中，为了吸引更多的投资者，更有强烈动机进行财务报表的粉饰，因此，投资人将来可能会面临较大的投资风险，从而提高对非国有企业的投资回报率期望，增加非国有企业股权融资成本。

但是，选择会计准则国际趋同，通过更高质量的会计准则规范来对企业财务报告进行规定和监督，目的是监督企业能够向社会和信息需求方提供更高质量的、更加可靠的会计信息，增加投资人的信息判断可靠性，作出更加理性的投资决策，从而降低投资人将会面对的投资风险。基于会计信息质量在国有企业和非国有企业股权融资过程中的不同重要性，我们提出本部分的另一个假设：

H7.5：会计准则国际趋同带来会计信息质量的变化对非国有企业股权融资成本的影响更大。

7.2.3　基于信息不对称的研究设计

（1）模型设计。基于以上研究假设，本部分会考虑会计准则国际趋同所带来的会计信息质量变化对股权融资成本的影响，分别从应计盈余管理和真实盈余管理两个方面来检验会计准则国际趋同前后信息质量变化对股权融资成本的影响，并且分组讨论对国有企业和非国有企业的不同影响情况。因此，构建的研究模型有：

$$Costequity = \alpha_0 + \alpha_1 DA + \alpha_2 BETA + \alpha_3 SIZE + \alpha_4 BM + \alpha_5 ROA + \alpha_6 HSL$$
$$+ \alpha_7 LEV + \alpha_8 FIRS + \sum Year + \sum Indu + \varepsilon \qquad (7.3)$$

$$Costequity = \alpha_0 + \alpha_1 REM + \alpha_2 BETA + \alpha_3 SIZE + \alpha_4 BM + \alpha_5 ROA + \alpha_6 HSL$$
$$+ \alpha_7 LEV + \alpha_8 FIRS + \sum Year + \sum Indu + \varepsilon \qquad (7.4)$$

$$Costequity = \alpha_0 + \alpha_1 CAS \times DA + \alpha_2 BETA + \alpha_3 SIZE + \alpha_4 BM + \alpha_5 ROA$$
$$+ \alpha_6 HSL + \alpha_7 LEV + \alpha_8 FIRS + \sum Year + \sum Indu + \varepsilon \quad (7.5)$$

$$Costequity = \alpha_0 + \alpha_1 CAS \times REM + \alpha_2 BETA + \alpha_3 SIZE + \alpha_4 BM + \alpha_5 ROA$$
$$+ \alpha_6 HSL + \alpha_7 LEV + \alpha_8 FIRS + \sum Year + \sum Indu + \varepsilon \quad (7.6)$$

（2）变量定义。

①股权融资成本的计算方式和7.1节一样均使用CAPM模型进行估计。

②会计信息质量及其代理变量衡量方式和第6章一样，均使用应计盈余管理（DA）和真实盈余管理（REM）进行度量。

③会计准则国际趋同的衡量依然采用哑变量进行衡量，同之前章节。

④控制变量。本书选取对企业股权融资成本产生显著影响的公司治理因素作为控制变量（曾颖和陆正飞，2006；蒋琰和陆正飞，2009；李争光等2016），主要有β系数，公司规模（SIZE）、账面市值比（BM）、盈利能力（ROA）、换手率（HSL）、资产负债率（LEV）、第一大股东持股比例（FIRS）以及行业控制变量（Indu），具体变量分析见表7-15。

表7-15　　　　　　　　　　　　变量定义

变量符号	变量名称	变量计算
Costequity	股权融资成本	资本资产定价模型进行估计
CAS	会计准则国际趋同	会计准则国际趋同事件哑变量，2006年及以前取值为0，2007年及以后取值为1
DA	应计盈余管理	修正的琼斯模型
REM	真实盈余管理	基于Roychowdhury（2006）的研究方法，采用企业销售操控、生产操控和费用操控三者绝对值之和
BETA	β系数	上市公司系统风险
SIZE	公司规模	ln（资产总额）

续表

变量符号	变量名称	变量计算
BM	账面市值比	资产总额/市场价值
HSL	换手率	股票年交易量/流通股总股数
LEL	资产负债率	负债总额/资产总额
FIRS	第一大股东持股比例	第一大股东持股比例超过50%为1，否则为0
Indu	行业虚拟变量	按照中国证监会发布的行业分类标准

本部分研究数据来源于 CSMAR 数据库，使用非均衡面板数据，样本数据筛选将金融行业、退市、PT 类、ST 类样本剔除，同时还剔除主要研究变量或控制变量数据缺失的样本。以 2000 ~ 2021 年沪深 A 股非金融企业为研究对象（考虑到金融行业财务数据的特殊性），筛选得到共 26 868 个有效观测值。为了将极端值带来的影响降至最低，本部分针对全部连续变量实施了缩尾处理，处理区间为 1% ~ 99%，数据处理软件为 Stata15.1。

7.2.4 基于信息不对称的实证检验结果与分析

1. 描述性统计。

本部分研究主题为会计准则国际趋同带来的会计信息质量变化对上市公司股权融资成本的影响，以及考虑这种影响在不同性质上市公司中的差异，因此本部分将分别对全样本、国有企业样本和非国有企业样本进行描述性统计。

从全样本描述性统计结果来看（见表 7 - 16），股权融资成本（Costequity）均值为 0.0928，标准差为 0.02，中位数为 0.0926，说明样本中股权融资成本这一指标的总体分布比较均匀。以应计盈余管理（DA）为代表的会计信息质量均值为 0.0559，标准差为 0.0547，中位数为 0.0391，在一定程度上能够体现出样本的差异性，这一点与实际情况相符。以真实盈余管理（REM）为代表的会计信息质量均值为 0.0992，标准差为 0.111，中位数为 0.0643，从该描述性统计结果来看样本间真实盈余管理水平差异较大，体现出样本的差异性，这一点与实际情况相符。除此之外，其他控制变量描述性统计结果均显示样本总体分布均匀。

表 7 - 16　　　　　　　　　　　股权融资成本全样本描述性统计

变量	样本数	均值	标准差	中位数	最小值	最大值
Costequity	26 868	0.0928	0.02	0.0926	0.0409	0.148
DA	26 868	0.0559	0.0547	0.0391	0.000714	0.284
DA × CAS	26 868	0.047	0.0544	0.0299	0	0.284
REM	26 868	0.0992	0.111	0.0643	0.00024	0.627
REM × CAS	26 868	0.0856	0.11	0.0493	0	0.627
BETA	26 868	1.117	0.258	1.12	0.41	2.089
SIZE	26 868	20.45	1.615	20.36	15.58	24.56
BM	26 868	1.335	1.115	1.004	0.129	6.116
HSL	26 868	5.193	4.016	4.007	0.609	26.21
LEV	26 868	0.473	0.196	0.479	0.0555	0.903
FIRS	26 868	36.52	15.7	34.66	7.12	74.98

表 7 - 17 展示了国有企业样本描述性统计结果，国有企业样本股权融资成本均值为 0.0934，中位数为 0.0929，标准差为 0.0198，可以看出国有企业样本股权融资成本水平整体上要高于全样本，在此分组中样本整体分布较均匀。DA 为代表的会计信息质量均值为 0.0537，中位数为 0.0378，标准差为 0.0525，国有企业应计盈余管理水平整体上低于全样本。REM 为代表的会计信息质量均值为 0.0897，中位数为 0.0592，标准差为 0.0998，国有企业真实盈余管理水平低于全样本。整体来看，国有企业样本分布均匀，其他控制变量样本均分布合理。

表 7 - 17　　　　　　　　　　　国有企业样本描述性统计

变量	样本数	均值	标准差	中位数	最小值	最大值
Costequity	15 052	0.0934	0.0198	0.0929	0.0409	0.148
DA	15 052	0.0537	0.0525	0.0378	0.000714	0.284
DA × CAS	15 052	0.0416	0.0513	0.025	0	0.284
REM	15 052	0.0897	0.0998	0.0592	0.00024	0.627
REM × CAS	15 052	0.0712	0.0981	0.038	0	0.627
BETA	15 052	1.111	0.251	1.116	0.41	2.089
SIZE	15 052	20.74	1.683	20.64	15.58	24.56
BM	15 052	1.546	1.223	1.202	0.129	6.116
HSL	15 052	4.718	3.663	3.624	0.609	26.21

续表

变量	样本数	均值	标准差	中位数	最小值	最大值
LEV	15 052	0.507	0.191	0.517	0.0555	0.903
FIRS	15 052	39.56	16.08	38.96	7.12	74.98

表 7 - 18 展示了非国有企业样本描述性统计结果，非国有企业样本股权融资成本均值为 0.0921，中位数为 0.0921，标准差为 0.0203，可以看出国有企业样本股权融资成本水平整体上要低于全样本，非国有企业股权融资成本标准差较大，说明非国有企业之间融资成本存在较大差异，这一点与实际情况相符。在非国有企业样本中 DA 为代表的会计信息质量均值为 0.0586，中位数为 0.0721，标准差为 0.0574，该变量样本间差异较大，能够反映出非国有企业应计盈余管理水平存在较大差异的现状，样本具有代表性。REM 为代表的会计信息质量均值为 0.111，中位数为 0.0721，标准差为 0.122，非国有企业样本真实盈余管理水平整体较高，且样本之间存在较大差异，由此可见，非国有企业样本真实盈余管理水平极具代表性。整体来看，非国有企业样本分布均匀，其他控制变量样本均分布合理。

表 7 - 18　　　　　　　　　　非国有企业样本描述性统计

变量	样本数	均值	标准差	中位数	最小值	最大值
Costequity	11 816	0.0921	0.0203	0.0921	0.0409	0.148
DA	11 816	0.0586	0.0574	0.0409	0.000714	0.284
DA×CAS	11 816	0.0539	0.0573	0.036	0	0.284
REM	11 816	0.111	0.122	0.0721	0.00024	0.627
REM×CAS	11 816	0.104	0.122	0.0644	0	0.627
BETA	11 816	1.125	0.265	1.126	0.41	2.089
SIZE	11 816	20.06	1.438	20.09	15.58	24.56
BM	11 816	1.066	0.889	0.829	0.129	6.116
HSL	11 816	5.798	4.352	4.554	0.609	26.21
LEV	11 816	0.429	0.194	0.428	0.0555	0.903
FIRS	11 816	32.66	14.29	30	7.12	74.98

2. 相关性分析。

表 7 - 19 展示了全样本变量之间的相关性检验结果，从检验结果来看，本部分考虑了会计准则国际趋同作为调节变量情况下，会计信息质量与企业

股权融资成本及各控制变量之间的相关性，以应计盈余管理（DA）为代表的会计信息质量与企业股权融资成本（Costeequity）显著正相关，初步验证研究假设 7.3；考虑会计准则国际趋同这一调节变量作用（CAS × DA）情况下应计质量与企业股权融资成本显著正相关，初步验证我们的研究假设 7.4。以真实盈余管理（REM）为代表的会计信息质量与企业股权融资成本显著负相关，但是相关系数只有 –0.0093 解释力偏弱，会计准则国际趋同与真实盈余管理交乘项（CAS × REM）与股权融资成本显著正相关，也能够初步验证研究假设 7.5。从各变量相关性检验来看，各解释变量之间的相关系数均比较小，即各解释变量之间相对比较独立，不存在明显的多重共线性问题。

　　表 7 – 20 展示了国有企业样本变量之间的相关性检验结果，从检验结果来看在国有企业样本中，以应计盈余管理（DA）为代表的会计信息质量与企业股权融资成本（Costeequity）显著正相关，相关系数为 0.0631；考虑会计准则国际趋同这一调节变量作用（CAS × DA）情况下应计质量与企业股权融资成本显著正相关，相关系数为 0.1319。以真实盈余管理（REM）为代表的会计信息质量与企业股权融资成本显著正相关，会计准则国际趋同与真实盈余管理交乘项（CAS × REM）与股权融资成本显著正相关。从各变量相关性检验来看，各解释变量之间的相关系数均比较小，即各解释变量之间相对比较独立，不存在明显的多重共线性问题。

　　表 7 – 21 展示了非国有企业样本变量之间的相关性检验结果，从检验结果来看在非国有企业样本中，以应计盈余管理（DA）为代表的会计信息质量与企业股权融资成本（Costeequity）显著正相关，相关系数为 0.0449；考虑会计准则国际趋同这一调节变量作用（CAS × DA）情况下应计质量与企业股权融资成本显著正相关，相关系数为 0.0872。以真实盈余管理（REM）为代表的会计信息质量与企业股权融资成本显著负相关，会计准则国际趋同与真实盈余管理交乘项（CAS × REM）与股权融资成本显著负相关。可以初步判断出，以真实盈余管理为代表的会计信息质量与股权融资成本之间显著负相关，呈现出与国有企业样本之间相反的情况，能够初步验证研究假设 7.5。从各变量相关性检验来看，各解释变量之间的相关系数均比较小，即各解释变量之间相对比较独立，不存在明显的多重共线性问题。

表 7-19

股权融资成本变量相关性检验

变量	Costequity	DA	CAS×DA	REM	CAS×REM	BETA	SIZE	BM	HSL	LEV	FIRS
Costequity	1										
DA	0.0449***	1									
CAS×DA	0.0872***	0.8536***	1								
REM	-0.0093	0.2111***	0.2016***	1							
CAS×REM	0.0293***	0.1807***	0.3083***	0.9038***	1						
BETA	0.8279***	0.0239***	0.0521***	-0.0389***	-0.0093	1					
SIZE	-0.1175***	-0.2116***	-0.1454***	-0.1734***	-0.1234***	-0.1063***	1				
BM	-0.0548***	-0.0225***	-0.0818***	-0.0646***	-0.1074***	-0.0650***	0.3577***	1			
HSL	0.2118***	0.0701***	0.1363***	0.0215***	0.0752***	0.2440***	-0.2124***	-0.2337***	1		
LEV	0.0451***	0.1039***	0.0644***	0.0201***	-0.0035	0.0109	0.2281***	0.5902***	-0.0499***	1	
FIRS	-0.0413***	-0.0185***	-0.0744***	-0.0220***	-0.0624***	-0.0849***	0.1594***	0.1286***	-0.1470***	0.0343***	1

注：表中为 Pearson 相关系数值，*** 表示在 1% 的置信水平上通过显著性检验。

表 7-20

国有企业样本变量间相关性检验

变量	Costequity	DA	CAS×DA	REM	CAS×REM	BETA	SIZE	BM	HSL	LEV	FIRS
Costequity	1										
DA	0.0631***	1									
CAS×DA	0.1319***	0.7909***	1								
REM	0.0320***	0.2326***	0.2052***	1							
CAS×REM	0.0943***	0.1863***	0.3615***	0.8483***	1						
BETA	0.8325***	0.0418***	0.0777***	0.0061	0.0438***	1					

续表

变量	Costequity	DA	CAS×DA	REM	CAS×REM	BETA	SIZE	BM	HSL	LEV	FIRS
SIZE	−0.1373***	−0.2261***	−0.1174***	−0.1923***	−0.1021***	−0.1334***	1				
BM	−0.0823***	−0.0315***	−0.0738***	−0.0534***	−0.0863***	−0.0793***	0.3755***	1			
HSL	0.2338***	0.0816***	0.1654***	0.0464***	0.1197***	0.2459***	−0.1985***	−0.2385***	1		
LEV	0.0686***	0.0997***	0.0944***	0.0571***	0.0572***	0.0426***	0.1971***	0.5905***	0.0157	1	
FIRS	−0.0617***	−0.0154	−0.0925***	−0.0266***	−0.0834***	−0.0865***	0.1643***	0.0905***	−0.1740***	−0.0225***	1

注：表中为 Pearson 相关系数值，*** 表示在 1% 的置信水平上通过显著性检验。

表 7−21　非国有企业样本变量间相关性检验

变量	Costequity	DA	CAS×DA	REM	CAS×REM	BETA	SIZE	BM	ROA	HSL	LEV	FIRS
Costequity	1											
DA	0.0275**	1										
CAS×DA	0.0466***	0.9217***	1									
REM	−0.0450***	0.1850***	0.1817***	1								
CAS×REM	−0.0250*	0.1675***	0.2384***	0.9500***	1							
BETA	0.8263***	0.00160	0.0188	−0.0892***	−0.0690***	1						
SIZE	−0.1135***	−0.1846***	−0.1393***	−0.1198***	−0.0920***	−0.0613***	1					
BM	−0.0329***	0.0152	−0.0410***	−0.0364***	−0.0744***	−0.0323***	0.2326***	1				
ROA	−0.1006***	−0.0109	0.0312***	0.1766***	0.1894***	−0.1138***	0.1055***	−0.2016***	1			
HSL	0.2030***	0.0484***	0.0830***	−0.0246***	0.0240*	0.2402***	−0.1862***	−0.1881***	−0.0732***	1		
LEV	0.00410	0.1327***	0.0819***	0.0231	−0.00500	−0.0144	0.1944***	0.5611***	−0.2404***	−0.0671***	1	
FIRS	−0.0328***	−0.00100	−0.000100	0.0295***	0.0277***	−0.0740***	0.0440***	0.0781***	0.1365***	−0.0618***	0.0105	1

注：表中为 Pearson 相关系数值，***、**、* 分别表示在 1%、5% 和 10% 的置信水平上通过显著性检验。

3. 模型回归结果分析。

检验会计信息质量与股权融资成本之间的关系，分别从应计盈余管理和真实盈余管理两个角度进行检验。表 7 - 22 详细展示了模型（7.3）、模型（7.4）、模型（7.5）和模型（7.6）的实证回归结果。从回归结果来看，模型（7.3）~模型（7.6）的 R^2 值均在 0.5 以上，说明各变量对股权融资成本解释力达到了 50% 以上，解释力较强。

表 7 - 22 　　　　　　　　全样本模型回归结果

项目	模型（7.3）	模型（7.4）	模型（7.5）	模型（7.6）
常数项	0.0242306 *** (0.000)	0.1134685 *** (0.000)	0.0879228 *** (0.000)	0.090052 *** (0.000)
CAS	- 0.0242141 *** (0.000)	- 0.024072 *** (0.000)	- 0.0177 *** (0.000)	- 0.0233141 *** (0.000)
DA	0.0047175 *** (0.005)	—	0.0050438 *** (0.003)	—
REM	—	- 0.0097284 *** (0.000)	—	- 0.0082022 *** (0.001)
DA × CAS	—	—	0.0050377 *** (0.006)	—
REM × CAS	—	—	—	- 0.0098851 *** (0.000)
BETA	0.0622075 *** (0.000)	0.06223 *** (0.000)	0.0622301 *** (0.000)	0.0622301 *** (0.000)
SIZE	- 0.0011782 *** (0.000)	- 0.0011582 *** (0.000)	- 0.0010535 *** (0.000)	- 0.0011503 *** (0.000)
BM	- 0.0003419 *** (0.000)	- 0.0003414 *** (0.002)	- 0.0004323 *** (0.000)	- 0.0007877 *** (0.000)
ROA	- 0.0017945 ** (0.000)	- 0.0001949 *** (0.000)	- 0.0003127 *** (0.000)	- 0.0003197 *** (0.000)
HSL	0.0014776 *** (0.000)	0.0014098 *** (0.000)	0.0014237 *** (0.000)	0.0014322 *** (0.000)
LEV	0.0063363 *** (0.000)	0.0045808 *** (0.000)	0.0065942 *** (0.000)	0.006391 *** (0.000)

续表

项目	模型（7.3）	模型（7.4）	模型（7.5）	模型（7.6）
FIRST	-0.000011^{*} （0.057）	-0.0000383^{***} （0.000）	-0.0000555^{***} （0.000）	-0.0000366^{***} （0.000）
行业	控制	控制	控制	控制
年份	控制	控制	控制	控制
F 值	>99 999.00	667.09	656.97	>99 999.00
R^2	0.9955	0.5259	0.5238	0.9955
观测值	26 868	26 868	26 868	26 868

　　注：括号内为相关系数值，$***$、$**$、$*$分别表示在1%、5%和10%的水平上通过显著性检验。

　　模型（7.3）回归结果显示应计盈余管理质量与企业股权融资成本显著正相关，说明应计盈余管理水平越高企业股权融资成本也越高，因为股东对应计盈余操控高的企业保持较高的"戒备"心理防线，会通过高回报要求来进行风险的补偿；模型（7.3）回归结果显示真实盈余管理水平与企业股权融资成本显著负相关，说明企业可以通过经营活动的操控带来积极有利的信息，让投资者看到企业良好的业绩表现，对投资活动充满信心从而降低对未来投资风险的预期，降低投资回报；模型（7.5）是基于第6章的实证研究结果考虑了会计准则国际趋同背景下所带来的应计盈余管理质量的变化，实证检验了会计准则国际趋同对应计盈余管理和股权融资成本的调节作用，回归结果显示，在会计准则国际趋同这一背景下，准则的实施加强了应计盈余管理对股权融资成本的正向影响，也就是说，新会计准则的实施也让更多的投资者关注到企业应计盈余管理水平，投资者会通过企业盈余管理水平来对未来投资回报提出更高的要求；模型（7.6）也是在第6章实证研究基础上考虑会计准则国际趋同对真实盈余管理和企业股权融资成本的调节作用，结果发现会计准则国际趋同能够强化真实盈余管理对企业股权融资成本的负向影响作用，即在新会计准则实施的背景下，真实盈余管理水平越高企业股权融资成本反而越低，这一点在实际管理活动中造成的影响就是企业会在符合会计准则规范的范围内进行经济活动的调整，从而吸引投资者对其进行投资，并且还会降低投资回报率要求即降低企业股权融资成本。以上研究结论均支持研究假设7.3~假设7.5。

其余解释变量回归结果主要解释了风险因子、企业特征等因素对企业股权融资成本的影响。

表7-23展示了对国有企业和非国有企业样本分别进行模型回归结果（在回归过程中发现其他与公司质量相关的控制变量回归结果均在正常合理范围内，考虑篇幅原因该部分只展示主要变量的回归结果，其余控制变量回归结果不再展示），从模型（7.3）分组样本回归结果来看，应计盈余管理对非国有企业股权融资成本的影响更加显著；以应计盈余管理为代表的会计信息质量与企业股权融资成本显著正相关，但是这一结论不适用于国有企业样本，应计盈余管理对国有企业样本股权融资成本的影响并不显著。从模型（7.4）分组回归结果来看，真实盈余管理水平与企业股权融资成本显著负相关，因为真实盈余管理是通过对企业经营活动的调整来展现企业管理水平的，这一行为是在会计准则要求准许范围内进行的，企业可以通过对真实经营活动的调整来展现较好的经营管理状况，因此在一定程度上能够起到降低股权融资成本的作用，这一结论在国有企业样本和非国有企业样本中均适用。

表7-23　　　　国有企业和非国有企业样本分组回归结果

项目	模型（7.3）		模型（7.4）	
	国有企业	非国有企业	国有企业	非国有企业
常数项	0.0856736 *** (0.000)	0.090689 *** (0.000)	0.0859663 *** (0.000)	0.0914877 *** (0.000)
CAS	-0.0202058 *** (0.000)	-0.0260622 *** (0.000)	-0.019721 *** (0.000)	-0.0261291 *** (0.000)
DA	0.0014002 (0.577)	0.0082101 *** (0.000)	—	—
REM	—	—	-0.0142023 *** (0.000)	-0.0043698 *** (0.000)
行业	控制	控制	控制	控制
年份	控制	控制	控制	控制

续表

项目	模型（7.3）		模型（7.4）	
	国有企业	非国有企业	国有企业	非国有企业
F 值	268.57	418.90	276.23	418.92
R^2	0.4366	0.4793	0.4436	0.4793
观测值	11 816	15 052	11 816	15 052

注：括号内为相关系数值，*** 表示在1%的水平上通过显著性检验。

从模型（7.5）分组样本回归结果来看，考虑会计准则国际趋同对应计盈余管理的影响，实证研究结果显示在会计准则国际趋同背景下，应计盈余质量对股权融资成本的影响在非国有企业样本中显著正相关，但是在国有企业样本中不显著；从模型（7.6）从真实盈余管理角度出发，考虑会计准则国际趋同背景下真实盈余管理对企业股权融资成本的影响，回归结果显示会计准则国际趋同背景下真实盈余管理与企业股权融资成本显著负相关，即新会计准则执行后企业可以通过真实盈余管理的调整来降低企业股权融资成本，但是这一研究结论仅限于非国有企业样本，对非国有企业的影响并不显著（见表7-24）。

表7-24　　　　　　　　国有企业和非国有企业样本分组回归结果

项目	模型（7.5）		模型（7.6）	
	国有企业	非国有企业	国有企业	非国有企业
常数项	0.0838691 *** (0.000)	0.0911369 *** (0.000)	0.0859663 *** (0.000)	0.0930091 *** (0.000)
CAS	− 0.0197723 *** (0.000)	− 0.0265775 *** (0.000)	− 0.0194728 *** (0.000)	− 0.0263828 *** (0.000)
DA	0.0141853 (0.114)	0.0028514 *** (0.000)	—	—
REM	—	—	− 0.110184 (0.022)	− 0.0339323 *** (0.000)
DA × CAS	0.0015259 (0.558)	0.0218576 *** (0.003)	—	—
REM × CAS	—	—	− 0.0033772 (0.496)	− 0.0037367 *** (0.000)

续表

项目	模型 (7.5)		模型 (7.6)	
	国有企业	非国有企业	国有企业	非国有企业
行业	控制	控制	控制	控制
年份	控制	控制	控制	控制
F 值	432.36	234.71	268.34	418.62
R^2	0.4230	0.4332	0.4436	0.4791
观测值	11 816	15 052	11 816	15 052

注：括号内为相关系数值，*** 表示在 1% 的水平上通过显著性检验。

从以上分组样本回归结果可以看出，以应计盈余管理质量和真实盈余管理质量为代表的会计信息质量对国有企业和非国有企业股权融资成本的影响是有差异的，新会计准则执行之后，这种差异依然明显存在。整体来讲，对非国有企业股权融资成本的影响效应要明显强于国有企业，这一研究结论也证实了我们的研究假设 7.4。

7.3　稳健性检验

计量模型（7.3）~模型（7.6）回归结果初步检验了会计准则国际趋同背景下会计信息质量对企业股权融资成本的影响，出于谨慎性考虑，本部分使用了方差膨胀因子（VIF）值检验的方式对模型（7.3）~模型（7.6）进行了稳健性检验，检验结果发现，各个变量的 VIF 值控制在 1~8，说明模型（7.3）~模型（7.6）中各个变量之间的方差膨胀因子并不大，表明这些模型不存在严重的多重共线性问题。

7.4　本章小结

本章一方面基于委托代理理论实证检验了会计准则国际趋同对企业股权融资成本的影响，基于高质量会计准则能够在一定程度上缓解代理冲突的前提下，提出会计准则国际趋同能够对企业股权融资成本产生影响，通过实证研究发现会计准则国际趋同能够降低企业股权融资成本，并且对股权分散型企业的影响更为明显，说明新会计准则在上市公司中推广实施能够加强对投资者利益的保护，增强投资者的信心，从而降低投资回报率降低企业股权融资成本。相较于股权集中型企业，股权分散型企业股权融资成本有更加显著的下降趋势，这也进一步验证了选择会计准则国际趋同对委托代理问题的缓和作用，有利于促进开放的市场经济的发展。

另一方面，从信息不对称角度出发，厘清会计信息质量和企业股权融资成本之间的影响关系，结合第 6 章研究内容和结论实证检验了新会计准则实施后会计信息质量变化对企业股权融资成本的影响，并且分别从应计盈余管理和真实盈余管理两个方面来进行实证检验，研究发现，以应计盈余管理为代表的会计信息质量与企业股权融资成本之间显著正相关，考虑新会计准则的实施后会加强这样的正相关关系，说明企业盈余管理水平会影响投资者的投资决策；以真实盈余管理水平为代表的会计信息质量与股权融资成本显著负相关，说明企业通过对真实经济活动的操控能够向投资者传达出经营状态良好的现象，由于真实盈余管理活动的发生和操控隐蔽性较高，对于投资者来说较难甄别，所以在一定程度上能够降低企业股权融资成本。在考虑了企业股权性质之后又分别对国有企业和非国有企业样本进行实证检验，结果发现在非国有企业中的结果均显著，在国有企业样本中应计盈余管理和真实盈余管理结果均不显著，说明国有企业和非国有企业投资者对企业会计信息质量的关注程度是有区别的，从而对国有企业和非国有企业股权融资成本产生不同的影响，并且研究结果通过稳健性检验。

第 8 章

会计准则国际趋同对企业债务融资成本的影响

8.1 引　言

考虑到新企业会计准则的实施和执行最直接的影响就是影响会计信息，那么，在企业进行债务融资时，企业的财务状况、经营成果、现金流以及管理活动等重要信息均能够为投资人的投资决策提供重要参考，因此，选择与国际财务报告准则趋同必然会影响企业会计信息质量，这一点我们在第 6 章已经实证验证过。债务融资成本作为债权人对信息不对称和风险溢价的补偿，这一成本的高低受到会计信息质量的影响，这一点得到了国内外学者的广泛验证（Biddle and Hilary，2006；廖秀梅，2007；周继先，2011；Jorion et al.，2009；Biddle et al.，2009；等等）。从融资的角度来看，外部环境也影响着企业会计信息质量，如环境的不确定、货币政策、税务部门的监管、会计师事务所的规模等因素皆会影响企业会计信息质量（周英章和蒋振声，2022；黎来芳和张伟华，2018；曾亚敏和张俊生，2009；等等）。但是，随着企业会计信息披露质量的提高，投资者能够获得更多的企业经营信息，这样就会减少风险溢价，从而降低企业债务融资成本（罗敏，2018）。考虑到新企业会计准则是在国际财务报告准则趋同背景下的应用实施，目的也是规范我国企业财务报告，提高企业财务报告水平，为会计信息使用者提供高质量的财务报告，缓解企业与投资人之间的信息不对称，提高我国企业走向国际化的水平，因此，检验会计准则国际趋同对会计信息质量的影响，以及会计信息质量变化对企业债务融资成本的影响是会计准则国际趋同经济后果研究的重要课题，也是研究企业外部政策变化对企业债务融资成本影响的重要议题。

考虑到会计信息不对称现象不仅体现在代理冲突方面，债务人与债权人之间同样存在严重的信息不对称，这样的信息不对称就会使债权人外部利益相关者对风险溢价提出不同的要求。

因此，本章从信息不对称视角出发，研究会计准则国际趋同带来会计信息质量的变化对企业债务融资成本产生的影响，并结合我国市场经济发展的特殊性，进一步考虑了会计准则国际趋同对不同产权性质企业股权融资成本的影响差异。本章的研究思路如图 8-1 所示。

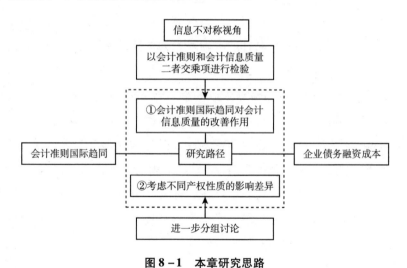

图 8-1　本章研究思路

8.2　理论分析与研究设计

信息传递理论认为，由于企业内部利益相关者能直接参与企业内部经营管理，往往比外部利益相关者能获得更多的企业内部信息，因此，债权人必然与企业内部人员存在着信息不对称，而这种信息不对称会进一步导致债务契约中的道德风险和逆向选择。在信息不对称及不完全契约条件下，企业内部管理者可能通过过度投资损害债权人的利益，即投资于风险高于债权人预期的项目，由此债权人会采取一系列限制措施来维护自己的利益，如要求更高的贷款利率和要求提高担保，从而提高债务融资成本。弗昂西斯（Francis et al.，2005）将信息风险与资本成本之间的关系进行了实证研究，认为信息风险越高，则其债务融资成本越高。伊斯利（Easley，2004）通过研究信息不对称和企业融资成本之间的关系，发现投资者会因为不对称信息而要求更多的风险溢价。于富生和张敏（2007）实证研究发现，信息披露质量和债务融资成本之间呈显著负相关性。

高质量的会计信息能够减少债务双方的信息不对称问题，提高契约效率，同时，债权人也会因为信息不对称问题的缓解而降低风险定价，从而使债务人将获得较低的债务融资成本，所以会计信息披露质量的提高可以降低债务契约违约的可能性。从会计准则国际趋同的角度看，新会计准则的实施改善了外部利益相关者与债务人之间严重的信息不对称状况，使债权人通过企业提供的外部财务报告能够对企业的真实经营状况进行更好的了解与评估，从而进行债务契约的设计以及后期监督的执行，对外部利益相关者的权利保护起到了积极的作用。由此债权人权益保护的改善有助于降低债务违约风险产生的可能性，降低债务人与债权人之间由于信息不对称存在而产生的债务风险成本，对企业融资过程中存在的融资约束现象起到了一定程度的缓解作用，从而降低企业的债务融资成本。

基于此分析，我们提出该部分的研究假设 8.1~假设 8.3：

H8.1：会计准则国际趋同能够降低企业债务融资成本。

H8.2：高质量的会计信息能够降低企业债务融资成本。

H8.3：会计准则国际趋同背景下带来会计信息质量的变化能够降低企业股权融资成本。

除此之外，还有部分文献重点研究了企业的外部环境。布利斯（Bliss，2012）的研究认为，具有政治联系的企业往往具有更高的市场风险，因而应该具有更高的贷款利率以及融资成本。由此可见，企业的政治联系等外部环境同样会对企业会计信息质量以及债务融资成本产生影响。结合我国实情，从产权性质来看，会计准则国际趋同对会计信息质量的影响，以及对债务融资成本的影响在国有企业和非国有企业样本中应该会有差异。因此，该章节我们会考虑产权性质差异，提出研究假设8.4。

H8.4：会计准则国际趋同对非国有企业债务融资成本产生更大影响。

8.3　研究设计与数据来源

8.3.1　模型设计

基于以上研究假设，本部分会考虑会计准则国际趋同这一外部环境变化对企业债务融资成本的影响，构建研究模型（8.1）；会计准则国际趋同所带来的会计信息质量变化对企业债务融资成本的影响，分别从应计盈余管理和真实盈余管理两个方面来检验会计准则国际趋同前后信息质量变化对股权融资成本的影响构建模型（8.2）～模型（8.5），并且通过分组讨论对国有企业和非国有企业的不同影响情况。

$$
\begin{aligned}
Costedebt = {} & \alpha_0 + \alpha_1 CAS + \alpha_2 LEDDEBT + \alpha_3 GROW + \alpha_4 SIZE + \alpha_5 PRIME \\
& + \alpha_6 INTOC + \alpha_7 FIXASS + \beta_8 LEV + \beta_9 ROE + \beta_{10} AGE \\
& + \sum Year + \sum Indu + \varepsilon
\end{aligned} \tag{8.1}
$$

$$
\begin{aligned}
Costedebt = {} & \alpha_0 + \alpha_1 DA + \alpha_2 LEDDEBT + \alpha_3 GROW + \alpha_4 SIZE + \alpha_5 PRIME \\
& + \alpha_6 INTOC + \alpha_7 FIXASS + \beta_8 LEV + \beta_9 ROE + \beta_{10} AGE \\
& + \sum Year + \sum Indu + \varepsilon
\end{aligned} \tag{8.2}
$$

$$
\begin{aligned}
Costedebt = {} & \alpha_0 + \alpha_1 REM + \alpha_2 LEDDEBT + \alpha_3 GROW + \alpha_4 SIZE + \alpha_5 PRIME \\
& + \alpha_6 INTOC + \alpha_7 FIXASS + \beta_8 LEV + \beta_9 ROE + \beta_{10} AGE \\
& + \sum Year + \sum Indu + \varepsilon
\end{aligned} \tag{8.3}
$$

$$
\begin{aligned}
Costedebt = {} & \alpha_0 + \alpha_1 CAS + \alpha_2 DA + \alpha_3 CAS \times DA + \alpha_4 LEDDEBT + \alpha_5 GROW \\
& + \alpha_6 SIZE + \alpha_7 PRIME + \alpha_8 INTOC + \alpha_9 FIXASS + \beta_{10} LEV \\
& + \beta_{11} ROE + \beta_{12} AGE + \sum Year + \sum Indu + \varepsilon
\end{aligned} \tag{8.4}
$$

$$\begin{aligned}
\text{Costedebt} = {} & \alpha_0 + \alpha_1 \text{CAS} + \alpha_2 \text{REM} + \alpha_3 \text{CAS} \times \text{REM} + \alpha_4 \text{LEDDEBT} + \alpha_5 \text{GROW} \\
& + \alpha_6 \text{SIZE} + \alpha_7 \text{PRIME} + \alpha_8 \text{INTOC} + \alpha_9 \text{FIXASS} + \beta_{10} \text{LEV} \\
& + \beta_{11} \text{ROE} + \beta_{12} \text{AGE} + \sum \text{Year} + \sum \text{Indu} + \varepsilon
\end{aligned} \tag{8.5}$$

8.3.2　变量定义

（1）债务融资成本。关于企业负债成本的衡量国外研究方法比较成熟，早期国内外学者迈德塔尔（Ahmedetal，2002）和蒋（Jiang，2005）等使用信用评级作为企业债务成本的代理变量进行研究。由于国内研究起步较晚，早期于富生和张敏（2007）采用信用评级等级来衡量企业债务成本，将 AAA、AA、A、BBB、BB、B 六类等级分别赋值 2、3、4、5、6、7，分值越低表明风险越小，债务成本越低。皮特曼和佛丁（Pittman and Fortin，2004）则通过"利息支出/长短期债务总额平均值"来计算债务融资成本，并剔除债务成本 5%～95% 以外的样本量，由于我国资本市场目前尚没有健全的上市公司资本评级系统，因此这种计算方法在我国比较通用，如蒋琰（2009）、燕玲（2014）、赖丽珍和冯延超（2016）、刘慧和张俊瑞（2016）在研究企业债务融资成本过程中均采用利息总支出/长短期债务总额平均值来计算；也有学者借鉴李子广和刘力（2009）的做法选用多类指标来表征企业债务融资成本，如魏志华和王贞洁（2012）、刘艳宏（2014）、李豫湘和宋云华（2015）、张勇（2017）分别采用利息费用指标和财务费用指标来表征企业债务融资成本，均取得良好效果。本章借鉴燕玲（2012）等的做法，采用（利息支出＋资本化利息）/企业总债务来表征企业债务融资成本，虽然不能够准确得到企业各类债务融资成本，但能够代表企业债务融资成本水平。

（2）主要控制变量。债务融资成本控制变量主要借鉴燕玲（2014）选取债务期限结构、资产负债率、公司规模、公司获利能力、成长机会、固定资产比率、利息保障倍数、贷款基准利率、上市时间、股权集中度、董事会独立性以及控制行业和年度虚拟变量。具体变量定义如表 8-1 所示。

表 8 - 1   企业债务融资成本及其变量

变量符号	变量名称	变量计算
Costdebt	债务融资成本	应付利息/债务总额
DA	会计信息质量	应计质量模型进行估计
CAS	会计准则国际趋同	会计准则国际趋同事件哑变量，2006 年及以前取值为 0，2007 年及以后取值为 1
DA × CAS	交乘项	应计盈余管理与会计准则国际趋同交乘项
DA × REM	交乘项	真实盈余管理与会计准则国际趋同交乘项
LEDDEBT	债务期限结构	长期债务/债务总额
GROWTH	成长机会	Tobin'Q 值
SIZE	公司规模	ln（资产总额）
PRIME	贷款基准利率	中国人民银行规定的 1 ~ 3 期银行贷款利率
INTCOV	利息保障倍数	（利润总额 + 财务费用）/财务费用
FIXASS	固定资产比率	固定资产净值/资产总额
LEV	资产负债率	负债总额/资产总额
ROE	公司获利能力	净利润/所有者权益
AGE	上市时间	ln（1 + 公司已上市年数）
Indu	行业虚拟变量	按照中国证监会 2012 年发布的行业分类标准
Year	年度虚拟变量	年度虚拟变量

本部分研究数据来源于 CSMAR 数据库，使用非均衡面板数据，样本数据筛选将金融行业、退市、PT 类、ST 类样本剔除，同时还剔除主要研究变量或控制变量数据缺失的样本。考虑到金融行业财务数据的特殊性，本部分以 2000 ~ 2021 年沪深 A 股非金融企业为研究对象，筛选得到共 21 386 个有效观测值。为了将极端值带来的影响降至最低，本部分针对全部连续变量实施了缩尾处理，处理区间为 1% ~ 99%，数据处理软件为 Stata15.1。

8.4　描述性统计与相关性分析

8.4.1　描述性统计

表 8 - 2 给出了债务融资成本相关变量的描述性统计结果，为了排除

极端异常值对研究结果的影响，本部分将所有变量进行了 Winsorize 作了 1% 水平上的缩尾处理。从表 8-2 中可以看出，债务融资成本（Costdebt）的均值为 0.0636，中位数为 0.0432，标准差为 0.0956。最大值为 3.277，最小值为 -0.0285，说明样本中债务融资成本这一指标的总体分布比较均匀。会计信息质量的代理变量应计盈余管理（DA）均值为 0.0563，标准差为 0.0546，中值为 0.0394，最小值为 0.00076，最大值为 0.276，说明样本中应计盈余管理 DA 这一指标总体分布均匀；会计信息质量代理变量真实盈余管理（REM）均值为 0.0899759，标准差为 0.102262，中位数为 0.0583636，最小值为 0.0002273，最大值为 0.276，这一指标分布均匀；此外，各控制变量总体分布均匀。

表 8-2 债务融资成本全样本描述性统计

变量	样本数	均值	标准差	中位数	最小值	最大值
Costdebt	21 386	0.0636	0.0956	0.0432	-0.0285	3.277
DA	21 386	0.0563	0.0546	0.0394	0.00076	0.276
REM	21 386	0.0899759	0.102262	0.0583636	0.0002273	0.6041621
LEDDEBT	21 386	0.157	0.179	0.0918	0	0.727
GROWTH	21 386	0.182	0.422	0.112	-0.54	2.776
SIZE	21 386	20.56	1.597	20.46	16.22	24.98
INTCOV	21 386	14.16	76.04	3.742	-211.2	558.5
ROE	21 386	0.0662	0.118	0.0692	-0.514	0.34
FIXASS	21 386	25.81	17.94	22.77	0.221	75.11
LEV	21 386	49.31	18.73	49.79	9.759	89.34
AGE	21 386	2.338	0.594	2.398	1.099	3.258
PRIME	21 386	5.725	0.704	5.49	4.2	7.095

表 8-3 是对国有企业样本的描述性统计结果，国有企业样本数为 11 534，债务融资成本均值为 0.0568，中位数为 0.0415，最小值为 -0.0285，最大值为 3.277，标准差为 0.0834，该指标整体分布均匀，具有代表性；国有企业样本中会计信息质量代理变量（DA）均值为 0.0537，中位数为 0.0379，最

小值为 0.00076，最大值为 0.276，标准差为 0.0521，样本数据整体分布均匀。会计信息质量代理变量（REM），均值为 0.0868122，中位数为 0.12，最小值为 0.0002273，最大值为 0.6041621，标准差为 0.0995881，样本分布均匀。其余各控制变量分布均匀。

表 8 - 3　　　　　　债务融资成本国有企业样本描述性统计

变量	样本数	均值	标准差	中位数	最小值	最大值
Costdebt	11 534	0.0568	0.0834	0.0415	- 0.0285	3.277
DA	11 534	0.0537	0.0521	0.0379	0.00076	0.276
REM	11 534	0.0868122	0.0995881	0.0562362	0.0002273	0.6041621
LEDDEBT	11 534	0.185	0.193	0.12	0	0.727
GROWTH	11 534	0.168	0.404	0.105	- 0.54	2.776
SIZE	11 534	20.89	1.689	20.79	16.22	24.98
INTCOV	11 534	11.03	67.66	3.326	- 211.2	558.5
ROE	11 534	0.0626	0.118	0.0662	- 0.514	0.34
FIXASS	11 534	28.94	19.65	25.83	0.221	75.11
LEV	11 534	52.79	18.23	53.88	9.759	89.34
AGE	11 534	2.484	0.521	2.565	1.099	3.258
PRIME	11 534	5.823	0.676	5.725	4.2	7.095

表 8 - 4 是对非国有企业样本的描述性统计结果，非国有企业样本数为 9 852，债务融资成本均值为 0.0716，中位数为 0.0455，最小值为 - 0.00000427，最大值为 2.841，标准差为 0.108，该指标最小值偏小，标准差相较于国有企业样本偏大，但是总体来看样本分布还是较均匀的，具有代表性；非国有企业样本中会计信息质量代理变量（DA）均值为 0.0592，中位数为 0.0413，最小值为 0.00076，最大值为 0.276，标准差为 0.0572，样本数据整体分布均匀。会计信息质量代理变量（REM），均值为 0.0936799，中位数为 0.0608486，最小值为 0.0002272，最大值为 0.6041621，标准差为 0.1051905，虽然样本之间差异大于国有企业样本，但是整体样本分布依然均匀。其余各控制变量也分布均匀。

表 8-4　　　　　　　　债务融资成本非国有企业样本描述性统计

变量	样本数	均值	标准差	中位数	最小值	最大值
Costdebt	9 852	0.0716	0.108	0.0455	4.72E-05	2.841
DA	9 852	0.0592	0.0572	0.0413	0.00076	0.276
REM	9 852	0.0936799	0.1051905	0.0608486	0.0002273	0.6041621
LEDDEBT	9 852	0.125	0.156	0.0612	0	0.727
GROWTH	9 852	0.198	0.442	0.122	-0.54	2.776
SIZE	9 852	20.17	1.384	20.15	16.22	24.98
INTCOV	9 852	17.83	84.66	4.414	-211.2	558.5
ROE	9 852	0.0705	0.118	0.0726	-0.514	0.34
FIXASS	9 852	22.16	14.89	20.15	0.221	75.11
LEV	9 852	45.23	18.49	44.98	9.759	89.34
AGE	9 852	2.168	0.628	2.197	1.099	3.258
PRIME	9 852	5.61	0.72	5.375	4.2	7.095

8.4.2　变量相关性分析

从变量间相关性检验结果来看（见表 8-5），会计准则国际趋同事件与企业债务融资成本之间正相关，但是不显著，这与我们的研究假设 8.1 相反，还需进一步实证检验。以应计盈余管理（DA）为代表的会计信息质量与债务融资成本显著负相关，这一点也与我们的研究假设 8.2 相反，以真实盈余管理水平（REM）为代表的会计信息质量与债务融资成本显著负相关，这一点初步验证了我们的研究假设 8.2。在考虑会计准则国际趋同背景后，应计盈余管理与债务融资成本显著负相关，真实盈余管理与债务融资成本负相关，但是不显著。总体来看，各变量之间相对独立，不存在较强的多重共线性问题。

表 8 − 5

债务融资成本变量相关性检验

变量	Costdebt	CAS	DA	REM	DA×CAS	REM×CAS	LEDDEBT	GROWTH	SIZE	PRIME	INTCOV	FIXASS	LEV	ROE	AGE
Costdebt	1														
CAS	0.0016	1													
DA	-0.0538***	0.0013	1												
REM	-0.0228	0.0219***	0.4148***	1											
DA×CAS	-0.0456***	0.3208***	0.8844***	0.3841***	1										
REM×CAS	-0.0148	0.2898***	0.3695***	0.9184***	0.4716***	1									
LEDDEBT	-0.0417***	0.0275***	-0.0565***	-0.0194***	-0.0337***	-0.0061	1								
GROWTH	-0.0581***	-0.0246***	0.1225***	0.1986***	0.1146***	0.1879***	0.0275***	1							
SIZE	0.0083	0.0961***	-0.2167***	-0.2285***	-0.1703***	-0.1876***	0.3139***	-0.0076	1						
PRIME	-0.004	-0.0013	0.0692***	0.0970***	0.0711***	0.0967***	0.0126	0.0323***	-0.0956***	1					
INTCOV	0.1336***	0.0431***	0.0006	0.0192***	0.0156	0.0335***	-0.0652***	0.0248***	-0.0299***	-0.1329***	1				
FIXASS	0.0649***	-0.1491***	-0.1877***	-0.2284***	-0.2139***	-0.2453***	0.2563***	-0.0506***	0.5698***	0.1014***	-0.0559***	1			
LEV	-0.4506***	-0.0496***	0.0956***	0.1088***	0.0631***	0.0838***	0.2325***	0.0461***	0.2024***	0.0892***	-0.1357***	0.0007	1		
ROE	0.2169***	0.0640***	-0.0571***	0.1045***	-0.0154	0.1155***	0.0122	0.2550***	0.0602***	0.0488***	0.1165***	-0.1088***	-0.1577***	1	
AGE	-0.1487***	0.1946***	0.007	0.0361***	0.0681***	0.0862***	0.1191***	-0.0555***	0.1271***	-0.1220***	-0.0142	-0.0558***	0.2072***	-0.0542***	1

注：表中为 pearson 相关系数值，*** 表示在 1% 的置信水平上通过显著性检验。

8.5 实证检验结果分析

本部分实证检验会计准则国际趋同事件即新会计准则的实施对债务融资成本的影响。表8-6展示了模型（8.1）回归结果，并对国有企业和非国有企业样本分别进行回归。从回归结果来看，模型（8.1）的 R^2 值均在0.2以上，说明各变量对债务融资成本具有一定的解释力。

表8-6   模型（8.1）回归结果

项目	全样本	国有企业样本	非国有企业样本
常数项	0.062585 *** (0.000)	0.0342755 *** (0.000)	0.0590232 *** (0.000)
CAS	−0.049865 *** (0.000)	−0.0091109 *** (0.000)	−0.05472 *** (0.000)
LEDDEBT	−0.026588 *** (0.000)	0.0157574 *** (0.000)	−0.0054345 *** (0.000)
GROWTH	−0.0120618 *** (0.000)	−0.0083407 *** (0.000)	−0.0161074 *** (0.000)
SIZE	−0.0018672 *** (0.000)	0.0035817 *** (0.000)	−0.0022 *** (0.000)
PRIME	0.0029674 *** (0.000)	0.0046082 *** (0.000)	0.0034446 *** (0.000)
INTCOV	0.00000546 *** (0.000)	0.0000477 *** (0.000)	0.0000589 *** (0.000)
LEV	−0.0014142 *** (0.000)	−0.0012619 *** (0.000)	−0.0015392 *** (0.000)
ROE	0.0761574 *** (0.000)	0.0589398 *** (0.000)	0.1026699 *** (0.000)
AGE	−0.0155925 *** (0.000)	−0.0059309 *** (0.000)	−0.0017038 *** (0.000)
Indu	控制	控制	控制
Year	控制	控制	控制

续表

项目	全样本	国有企业样本	非国有企业样本
N	21 386	11 534	9 852
F 值	297. 92 ***	458. 63 ***	353. 37 ***
R^2	0. 2585	0. 2637	0. 2442

注：括号内为相关系数值，*** 表示在 1% 的水平上通过显著性检验。

　　模型（8.1）回归结果显示会计准则国际趋同事件与企业债务融资成本显著负相关，说明随着新企业会计准则的实施和应用，企业的债务融资成本是降低的，会计准则国际趋同这一外部政策的变化能够为企业带来积极有利的影响，这一结论能够验证我们的研究假设 8.1，说明会计准则国际趋同选择高质量的会计准则对我国企业资本融资是有利的。同时对国有企业和非国有企业进行分组回归，结果发现，会计准则国际趋同对国有企业和非国有企业股权融资成本均产生显著的负向影响，说明新会计准则的执行一定程度能够降低企业债务融资成本。其中，非国有企业样本的回归系数为 - 0.05472，国有企业样本的回归系数为 - 0.0091109，说明新会计准则的执行对非国有企业债务融资成本的影响效果要高于国有企业，这一结果验证了我们的研究假设 8.4。其余解释变量回归结果主要解释了债务期限结构、企业特征等因素对企业股权融资成本的影响。

　　表 8 - 7 展示了模型（8.2）~模型（8.5）回归结果，分别从会计信息质量角度、会计准则国际趋同背景下会计信息质量变化角度检验会计信息质量对企业债务融资成本的影响。从回归结果来看，模型（8.2）~模型（8.5）的 R^2 值均在 0.25 以上，说明各变量对债务融资成本具有一定的解释力。

表 8 - 7　　　　　　模型（8.2）~模型（8.5）全样本回归结果

项目	模型（8.2）	模型（8.3）	模型（8.4）	模型（8.5）
常数项	0. 0481502 *** （0. 000）	0. 044217 *** （0. 000）	0. 0473044 *** （0. 000）	0. 063254 *** （0. 000）
CAS	- 0. 0063167 *** （0. 000）	- 0. 0065394 *** （0. 000）	- 0. 0053224 *** （0. 000）	- 0. 0096478 *** （0. 000）

续表

项目	模型 (8.2)	模型 (8.3)	模型 (8.4)	模型 (8.5)
DA	0.0318102 *** (0.000)		0.0481492 ** (0.009)	
REM	—	0.0272311 *** (0.000)		0.0133285 *** (0.000)
DA × CAS	—	—	− 0.0175528 (0.337)	—
REM × CAS	—	—	—	0.0367815 ** (0.002)
LEDDEBT	0.0149101 *** (0.000)	0.0144215 *** (0.000)	0.0149763 *** (0.000)	0.0142871 *** (0.000)
GROWTH	− 0.012665 *** (0.000)	− 0.0133292 *** (0.000)	− 0.0126375 *** (0.000)	− 0.0134561 *** (0.000)
SIZE	0.0036334 *** (0.000)	0.0039098 *** (0.000)	0.0036254 *** (0.000)	0.0039254 *** (0.000)
PRIME	0.0033412 *** (0.000)	0.0031939 *** (0.000)	0.0033546 *** (0.000)	0.0031438 *** (0.000)
INTCOV	0.00000556 *** (0.000)	0.000055 *** (0.000)	0.0000556 *** (0.000)	0.0000547 *** (0.000)
LEV	− 0.0014129 *** (0.000)	− 0.0014269 *** (0.000)	− 0.0014132 *** (0.000)	− 0.0014262 *** (0.000)
ROE	0.07913 *** (0.000)	0.0756751 *** (0.000)	0.079224 *** (0.000)	0.0757173 *** (0.000)
AGE	− 0.0060856 *** (0.000)	− 0.0062989 *** (0.000)	− 0.0060795 *** (0.000)	− 0.0063226 *** (0.000)
Indu	控制	控制	控制	控制
Year	控制	控制	控制	控制
N	21 386	21 386	21 386	21 386
F 值	717.8 ***	723.51 ***	652.63 ***	658.82 ***
R^2	0.2514	0.2529	0.2514	0.2532

注：括号内为相关系数值，***、** 分别表示在1%、5%的水平上通过显著性检验。

　　模型（8.2）回归结果显示以应计盈余管理（DA）为代表的会计信息质量与企业股权融资成本显著正相关，说明企业盈余管理水平越高，债务融资成本也就越高，较高的盈余管理代表了较低的会计信息质量，所以这一点检验结果与实际情况相吻合，同时也验证了我们提出的研究假设 8.2；模型（8.3）回归结果显示以真实盈余管理（REM）为代表的会计信息质量与企业债务融资成本显著正相关，说明企业的真实盈余管理水平也是企业外部债权人对投资风险溢价的重要参考指标，较高的真实盈余管理水平同样会增加企业债务融资成本，这一结论也验证了研究假设 8.2。模型（8.4）回归结果显示，在考虑会计准则国际趋同这一背景下带来的会计信息质量变化（这一结论在第 6 章已经得到验证）会对应计盈余管理和企业债务融资成本起到显著的负向作用，即新会计准则的实施会弱化应计盈余管理对企业债务融资成本的正向影响，即会计准则国际趋同能够带来会计信息质量的变化，并且在这种影响下能够降低企业债务融资成本，这样验证我们研究假设 8.3。模型（8.5）回归结果显示会计准则国际趋同背景下以真实盈余管理为代表的会计信息质量与企业债务融资成本显著正相关，这一结论和第 7 章股权融资成本的影响结论有差异，这说明在债务融资过程中债权人和股东对企业会计信息和企业经营活动成果的关注点是不一样的，这也和实际情况相吻合，说明债务人看到企业真实盈余管理水平过高时代表企业经营过程中会存在不实的经营活动，因而也会有更高的风险溢价要求，从而导致较高的债务融资成本，并且新会计准则的实施会增强这样的正向影响，这是由于新会计准则的原则导向为会计工作人员提供了较大的职业判断空间，同时也为企业真实盈余管理提供了可选择空间，这一点也是债权人重点关注内容之一。

8.6　稳健性检验

　　计量模型（8.1）~模型（8.5）回归结果初步检验了会计准则国际趋同背景下会计信息质量对企业债务融资成本的影响，出于谨慎性考虑，本部分使用了方差膨胀因子（VIF）值检验的方式对模型（8.1）~模型（8.5）

进行了稳健性检验，检验结果发现，各个变量的 VIF 值控制在 1 ~ 10，说明模型（8.1）~模型（8.5）中各个变量之间的方差膨胀因子并不大，表明这些模型不存在严重的多重共线性问题。

8.7　本章小结

本章从信息不对称角度出发梳理会计信息质量和企业债务融资成本之间的理论关系，在第 6 章研究结论基础上又实证检验了会计准则国际趋同以及会计信息质量与企业债务融资成本之间的关系，研究结果发现在会计准则国际趋同影响下能够降低企业债务融资成本，这一点对于企业选择债务融资方式是一个有利的趋势；在会计准则国际趋同背景下，会计信息质量发生的变化对企业债务融资成本产生不同的影响，以应计盈余管理和真实盈余管理为代表的会计信息质量与企业债务融资成本显著正相关，说明作为债权人会更加关注企业盈余管理水平所传达的会计信息质量，较高的盈余管理会使得债权人提高风险回报，从而提高企业债务融资成本，所以在实践中企业应该重视盈余管理，降低盈余管理水平，为债权人提供更加可靠的会计信息质量，这样有利于企业或者更优质的债务融资。

| 第9章 |

研究结论与政策建议

9.1　研究结论

　　本书在对我国会计制度演变历程、国际财务报告准则发展历程进行系统整理的基础上,从会计制度经济后果角度出发展开实证研究,回顾了会计准则国际趋同研究状况,梳理了会计准则变革对企业财务决策的影响脉络,发现会计准则国际趋同经济后果研究中关于对企业融资成本的影响依然未得到统一的验证。因此,本书实证主体部分重点分析了会计准则国际趋同对企业股权融资成本和债务融资成本的影响路径,分别从代理冲突视角和信息不对称视角两条不同影响路径进行分析,考虑到会计准则国际趋同会对企业会计信息质量产生最直接的影响,会计信息质量又是影响企业融资成本的重要因素,因此,通过最小二乘法实证检验了会计准则国际趋同对企业会计信息质量、企业股权融资成本和债务融资成本的影响。

　　研究结果发现,新会计准则的执行对应计盈余管理有一定的抑制作用,即随着新会计准则的不断修订完善和执行,企业应计盈余管理一定程度上得到了抑制。会计准则国际趋同事件本身,以及会计准则国际趋同带来的以应计盈余管理为代表的会计信息质量与企业股权融资成本显著正相关,说明企业应计盈余管理质量是投资人进行投资决策以及要求投资回报考虑的重要因素;以应计盈余管理为代表的会计信息质量与企业股权融资成本之间显著负相关，这是由于新会计准则给予财务工作人员较大的职业判断空间，为企业真实盈余管理提供了可操作空间，但是由于真实盈余管理的隐蔽性不易发现，所以投资人容易被这种良好经营现象所蒙蔽，从而较容易相信企业的良好经营状况，从而降低股权投资回报要求。

同时，本书还实证检验了会计准则国际趋同对企业债务融资成本的影响，研究结果发现，会计准则国际趋同背景下我国新会计准则的执行能够降低企业债务融资成本，以应计盈余管理和真实盈余管理为代表的企业会计信息质量与企业债务融资成本显著正相关，说明作为企业外部债权人对企业会计信息质量的关注程度要高于作为企业股东的投资者，企业外部债权人会通过关注企业会计信息质量来调整资金风险溢价，并且考虑新会计准则执行过程中新原则的实施会给予工作人员一定的职业判断选择，所以新会计准则的实施会提高债权人对企业应计盈余管理和真实盈余管理的关注，会强化两者之间的正相关的影响。

本书的研究结论说明，我国选择会计准则国际趋同通过多角度影响到企业股权融资成本和债务融资成本，但是，由于不同股权结构企业的委托代理冲突程度不一样，以及考虑不同产权性质企业投资者人和债权人对会计信息的关注差异，所以会计准则国际趋同对不同股权结构和不同产权性质企业的融资成本影响程度也不一样。因此，本书在实证检验过程中也重点考虑了我国特殊的市场情况，分别从股权结构、产权性质角度对研究对象进行实证检验，最终的研究结论也证实了我们的理论分析和研究假设。

9.2 政策建议

会计准则国际趋同是大势所趋，中国选择会计准则国际趋同，既是中国市场经济健康发展的需要，也是促进世界经济交流与合作的必然之选。一方面，中国经济发展速度已经跻身世界前列，取得了丰厚的经济成果，中国市场经济的发展急需要一套高质量的、有权威的、适用性强的会计准则来对经济成果进行准确的计量和核算，中国市场经济的继续前行也需要有一套国际认可的会计准则来进行规范。另一方面，随着中国企业在外投资规模的扩大，尤其是在"一带一路"倡议发展契机下，中国与共建国家和地区之间的经济往来合作频繁，为了更好地促进中国与世界其他国家和地区之间经济合作的开展，中国会计准则应该实现与国际会计准则的持续趋同，并且能够影响经济合作伙伴，实现会计准则的国际趋同，减少经济交往的摩擦和壁垒，降低不必要的经济成本，最终实现世界经济的共同发展和繁荣。针对我国会计准则国际趋同现状和我国会计准则国际趋同经济后果影响，本书主要从我国会计准则国际趋同路径选择、我国会计准则的修订完善以及新会计准则的实施三个层面提出相应的政策建议。

9.2.1　积极参与国际会计准则制定，争取国际会计准则制定话语权

会计准则国际趋同的呼声在 2008 年金融危机后日渐高涨，二十国集团极力倡导国际会计准则委员会尽快制定和实施适用于全球范围的国际会计准则。中国作为会计准则国际趋同的实施者和推行者，应该积极参与到国际会计准则的制定和修正过程中，这一点既反映了中国经济发展的诉求，也能够有力推动国际会计准则全球推行的趋势。一方面，由于我国市场经济发展起步比较晚，IFRS 是在市场经济起步早、发展成熟的欧洲国家产生，因此，国际会计准则的制定较多地考虑了成熟资本经济市场的发展因素，我国在引入国际会计准则的过程中会面临各种不适应。中国作为世界上最大的发展中国家，经济和金融地位在世界上日益重要。尤其是当前外国投资和中国对外投资总量均在增长，会计这一商业通用语也应该发挥应有的作用，尤其是在传达真实会计信息、降低额外经济成本、增强企业经济决策准确性以及提高企业经营管理水平等方面均有重要的作用。在这样的经济发展背景下，中国更应该积极参与国际会计准则的修订和完善，这将有利于加强中国与国际经济往来和资本流动，提高资金利用率，促进合作国家和地区经济发展。另一方面，当前美国对国际会计准则的态度尚不明确，中国更应该把握机遇，提升自身在国际会计准则制定和完善中的

话语权。同时，中国应该顺应时代发展要求，"一带一路"倡议的实施和推进是提升中国国际影响力，提高国际话语权的最佳时机，中国坚定不移实施和推进国际会计准则为共建国家和地区带来了良好的示范作用，能够影响和推动国际会计准则在共建国家和地区的应用与实施，从而推动国际会计准则的趋同进程。

国际会计准则随着世界经济的发展而不断修正和完善，既然 IFRS 是适用于全世界经济发展的高质量的会计准则，就应该有发展中国家积极参与到 IFRS 的制定和修改过程。这时就需要中国积极发声，向国际会计准则理事会表达经济发展诉求。中国在引入 IFRS 的过程中积极反馈国际财务报告准则在发展中国家应用中遇到的问题，并且努力和国际会计准则理事会成员一起面对和解决这些问题，通过大量的实证经验来印证和说服国际会计准则理事会，从而提高国际会计准则应用的准确性和实用性。并且努力组织和培养高质量的会计人才，输送人才和团队到国际会计准则理事会，积极参与国际会计准则的制定和讨论，并且向发达资本市场学习和运用具有国际视野的会计理念，减少会计理念的误解和错误运用。

9.2.2 完善我国会计准则制定机制，提高利益团体准则制定参与度

首先，政府是会计准则制定和修正的主要倡导者。在大陆法系国家，会计准则的制定往往是自上而下的，国家政府机关制定相关法律规定，各社会团体严格执行；在英美法系国家，会计准则的制定是自下而上的，具有更强的实践性和更高的认可度。我国会计准则的制定承袭了"政府导向"的制定原则，中国财政部作为会计准则的制定主体，主要负责我国会计准则的起草、制定、修订和完善。在这一过程中，政府应该发挥号召引导的作用，广泛组织专家学者和相关经济活动参与者积极探讨，专家学者从专业角度对具体会计准则进行研究分析，并对准则执行后果进行客观评价，为最终实现经济利益最大化和社会资源公平分配建言献策；主要经济活动参与者代表则应该提出自身经济利益需求，在合法合理前提下尽可能提高资本使用效率，保

护经济参与者的合法利益。同时，会计准则制定和执行仍然需要政府发挥监管和协调作用，在准则的执行后期，随着会计实务操作和经济状况的进步与发展，政府还应该能够及时主持准则的修订和完善工作。

其次，会计准则执行者应该积极参与准则的制定和修正过程。由于企业是会计准则的规范对象和执行主体，会计准则的制定也是为了更好地服务于市场经济。因此，在会计准则制定过程中，应该更加重视会计执行主体的参与和意见反馈。我国企业会计准则的执行主体为各个企业单位，会计人员在严格按照会计准则规定进行经济成果核算的时候，可能会遇到对具体准则理解不清楚的地方，以及具有模糊定义的经济事项无法准确计量，尤其是当前我国会计准则大量引入公允价值计量属性，对我国会计人员工作职业判断提出了更高要求。因此，我国会计准则在制定完善的过程中应该充分听取准则执行者的意见反馈。会计准则执行者除了认真贯彻落实会计准则理念，严格按照会计准则要求进行会计处理之外，还应该及时反馈会计准则在执行过程中遇到的问题，并提出合理修正建议，只有准则执行者充分参与到准则的制定和修正过程中，准则才能真正得到贯彻落实，并在不断修订中得到完善，最终实现社会资源的最大化利用。

最后，提高专家学者对会计准则的研究热情，并且在会计准则制定过程中广泛听取专家学者的政策建议，充分发挥专家学者"智囊团"的功效。会计准则的制定与完善离不开专家学者公平客观的学术研究，并且学术研究成果应该服务于实际经济的发展。在会计准则制定前期，专家学者应该积极参与会计准则制定的讨论，在对国内外会计准则进行研究的基础上，为我国新会计准则的制定和修订提供经验借鉴和建议，并且对未来新会计准则实施可能产生的经济后果进行预测和鉴别，为会计准则的制定打好"前战"；在会计准则制定过程中，专家学者在广泛听取各方意见的基础上对会计准则具体规定作出客观评价，并有针对性地提出建议，确保准则规定的客观性和公正性；在会计准则修订和实施过程中，专家学者及时研究准则执行过程中遇到的问题，并提出相应的解决对策，为我国经济成果计量和统计工作建言献策，为社会经济的发展作出贡献。

9.2.3　加强新会计准则执行监督，提升企业会计信息披露水平

由于新会计准则的计量方式和计量属性均有较大变化，在充分考虑我国经济发展现状的情况下，引入和借鉴国际会计准则的理念，原则导向、资产负债观以及公允价值理念的引入均对我国企业会计信息产生重要的影响。一方面，由于新会计准则理念的产生和发展来源于欧美成熟的资本市场，而中国市场经济环境依然处于不断完善之中，因此，市场定价机制还比较缺乏；另一方面，关于公允价值的具体计价方式相关规定又比较少，原则导向型和公允价值的广泛使用对我国会计从业人员的业务处理能力和职业判断能力提出了较高的要求。

目前，我国新会计准则的实施和执行情况良好，但是由于上述不完善因素的存在使得公允价值的准确使用面临一些挑战，要解决此问题，需要多方面共同努力，来确保新会计准则要求下产生高质量的会计信息。同时，要加强新会计准则的实施监督力度，切实保证新会计准则的严格落实和执行，这就需要政府监管部门、注册会计师协会以及会计师事务所发挥监督作用，为我国经济健康发展提供良好的会计环境，提高会计信息质量，切实保护经济所有者的利益，为投资人提供客观公正透明的会计信息，降低企业投资风险和经营风险，提高企业决策准确性，将会计准则的行业规范效用充分发挥，为我国经济健康发展提供制度保证和创造良好环境。

9.2.4　适应中国特色社会主义经济建设，服务于经济发展需求

经济越发展，会计越重要。企业会计准则的建设应当有助于市场经济的深化改革和结构性调整，有助于发挥市场在资源配置中的决定性作用，有助于增强国内外投资者的信心，有助于提供透明、公平、高效的投资环境，有助于促进我国对外开放水平的提高。

当前，我国经济呈现出新常态，从高速增长转为中高速增长，经济结构不断优化升级，并从要素驱动、投资驱动转向创新驱动。转变经济发展方式、加快完善现代市场体系、充分发挥市场在资源配置中的决定性作用、推进供给侧结构性改革、"三去一降一补"，引起会计处理基础和核算方式等发生转变，并对会计信息披露提出了新的需求，迫切需要会计准则建设同步跟进。与此同时，我国"一带一路"倡议的实施、人民币国际化进程的持续推进、资本市场的进一步开放和逐步成熟、互联网经济的兴起与发展、大数据在经济社会生产生活的广泛应用，正推动着我国商业交易模式的不断变革、金融产品和金融服务的不断创新，客观上要求会计准则建设同步革新。

9.3　未来展望

会计准则国际趋同是世界经济发展的必然趋势，因此，会计准则国际趋同研究也应该是与时俱进的，并且应该逐渐呈现国际化的趋势，会计准则的研究也应该与时俱进，更应该走在经济发展的前列，这样才能更好地服务于经济发展。在未来，我们将会更加关注国内外会计准则的发展动态，在完善我国会计准则研究的基础上，尝试区域会计准则研究，为我国企业"走出去"提供会计制度和会计规范差异的重要智库参考。

参考文献

［1］白露珍，邱玉莲．会计准则改革、股权集中度与盈余管理［J］．财会通讯，2016（15）：8 – 11.

［2］蔡吉甫．会计信息质量与公司投资效率——基于 2006 年会计准则趋同前后深沪两市经验数据的比较研究［J］．管理评论，2013，25（4）：166 – 176.

［3］常欢．会计准则国际趋同对企业股权融资成本的影响研究［D］．重庆：四川外国语大学，2018.

［4］常欢．中国会计准则国际趋同研究文献综述［J］．重庆科技学院学报（社会科学版），2017（6）：25 – 27 + 31.

［5］陈春艳．会计准则国际趋同对企业盈余管理的影响研究［J］．江淮论坛，2014（6）：87 – 92.

［6］陈春艳．会计准则国际趋同与高管薪酬契约有效性的研究——来自我国上市公司的经验和数据［J］．山西财经大学学报，2014，36（5）：91 – 100.

［7］陈德萍，陈永圣．股权集中度、股权制衡度与公司绩效关系研究——2007 ~ 2009 年中小企业板块的实证检验［J］．会计研究，2011（1）：38 – 43.

［8］程书强，杨娜．新会计准则下上市公司盈余管理存在的可能性及实施途径分析［J］．管理世界，2010（12）：178 – 179.

［9］迟旭升，洪庆彬．新会计准则下会计盈余稳健性研究——来自深市A股上市公司的经验数据［J］．东北财经大学学报，2009（2）：22 - 27．

［10］盖地，吕志明．规范会计研究与实证会计研究评析［J］．会计研究，2007（4）：11 - 18 + 95．

［11］高芳，傅仁辉．会计准则改革、股票流动性与权益资本成本——来自中国A股上市公司的经验证据［J］．中国管理科学，2012，20（4）：27 - 36．

［12］高利芳，曲晓辉．会计准则执行的理论解释：整合与建构［J］．当代财经，2011（4）：102 - 109．

［13］葛干忠，伍中信，周红霞．"一带一路"区域会计准则协调问题研究［J］．财会月刊，2019（5）：157 - 163．

［14］葛干忠，伍中信．"一带一路"区域会计准则协调：基础、挑战与应对［J］．财会月刊，2020（11）：55 - 60．

［15］葛家澍，刘峰．从会计准则的性质看会计准则的制订［J］．会计研究，1996（2）：19 - 24．

［16］葛家澍．国际会计准则委员会核心准则的未来——美国SEC和FASB的反应［J］．会计研究，2001（8）：3 - 9 + 65．

［17］葛家澍．美国关于高质量会计准则的讨论及其对我们的启示［J］．会计研究，1999（5）：3 - 10．

［18］顾水彬．会计准则变革对企业投资效率的影响研究［J］．山西财经大学学报，2013，35（10）：92 - 103．

［19］何敬．对我国会计准则"国际化"和"中国特色"的回顾与思考［J］．财会月刊，2020（18）：74 - 78．

［20］洪剑峭，娄贺统．会计准则导向和会计监管的一个经济博弈分析［J］．会计研究，2004（1）：28 - 32．

［21］胡成．会计准则国际趋同悖论与我国话语权构建［J］．财会月刊，2021（23）：76 - 80．

［22］胡宏兵，张子涵．现行会计准则下上市公司财务报表舞弊及应对［J］．财会月刊，2016（14）：58 - 61．

［23］黄世忠，李忠林，邵蓝兰．国际会计准则改革：回顾与展望［J］．会计研究，2002（6）：5－11＋65．

［24］吉利，邓博夫，毛洪涛．会计准则国际趋同、国有股权与股权资本成本——来自中国A股市场的经验证据［J］．会计与经济研究，2012，26（5）：3－13．

［25］姜英兵，严婷．制度环境对会计准则执行的影响研究［J］．会计研究，2012（4）：69－78＋95．

［26］金智．新会计准则、会计信息质量与股价同步性［J］．会计研究，2010（7）：19－26＋95．

［27］李刚，刘浩，徐华新，等．原则导向、隐性知识与会计准则的有效执行——从会计信息生产者的角度［J］．会计研究，2011（6）：17－24＋95．

［28］李玲．中国会计准则与国际会计准则趋同研究［J］．河北企业，2019（4）：102－103．

［29］李晓强．国际会计准则和中国会计准则下的价值相关性比较——来自会计盈余和净资产账面值的证据［J］．会计研究，2004（7）：15－23＋38－97．

［30］李亚明．会计准则对会计制度经济后果的影响［J］．全国流通经济，2022（16）：159－162．

［31］李亚婷，李玉环．国际会计准则趋同历程回顾及对我国的启示——以欧盟、美国、日本和俄罗斯为例［J］．会计研究，2019（11）：28－33．

［32］廖秀梅．会计信息的信贷决策有用性：基于所有权制度制约的研究［J］．会计研究，2007（5）：31－38．

［33］刘斌，徐先知，曹玲．公允价值会计准则变更的市场反应研究——基于亏损上市公司的经验证据［J］．管理评论，2011，23（5）：119－128．

［34］刘春奇．会计准则变革对企业资源配置效率的影响研究［J］．财经理论与实践，2016，37（2）：52－59．

［35］刘峰，林卉．国际会计准则："会计"还是"准则"［J］．厦门大学学报（哲学社会科学版），2015（6）：10－20．

［36］刘国泰．国际会计准则趋同发展的影响及对我国的启示［J］．国际商务财会，2021（8）：6－8．

［37］刘慧凤，杨扬．公允价值会计信息对银行贷款契约有用吗——基于上市公司数据的实证检验［J］．财贸经济，2012（1）：57－63．

［38］刘静．会计准则变革对企业理念与行为影响的多视角研究［J］．上海商业，2021（11）：140－141．

［39］刘泉军，张政伟．新会计准则引发的思考［J］．会计研究，2006（3）：7－10＋95．

［40］刘晓华．会计准则的国际协调与盈余质量——基于应计质量模型的实证分析［J］．山西财经大学学报，2009，31（12）：115－124．

［41］刘晓华．会计准则国际趋同的经济后果［J］．财会通讯，2011（15）：3－8＋161．

［42］刘怡．会计准则变革对全要素生产率与企业对外直接投资的影响研究［D］．重庆：重庆师范大学，2021．

［43］刘英男，王丽萍．新会计准则对上市公司盈余管理影响的实证研究［J］．会计之友（上旬刊），2008（2）：23－24．

［44］刘永泽，孙嚣．我国上市公司公允价值信息的价值相关性——基于企业会计准则国际趋同背景的经验研究［J］．会计研究，2011（2）：16－22＋96．

［45］刘永泽．论新会计准则中的资产负债观［J］．审计与经济研究，2009（1）：56－60．

［46］刘玉廷，王鹏，崔华清．关于我国上市公司2007年执行新会计准则情况的分析报告［J］．会计研究，2008（6）：19－30．

［47］刘玉廷，王鹏，薛杰．企业会计准则实施的经济效果——基于上市公司2009年年度财务报告的分析［J］．会计研究，2010（6）：3－12．

［48］刘玉廷．关于中国企业会计准则与国际财务报告准则持续全面趋同问题［J］．会计研究，2009（9）：6－9．

［49］刘玉廷. 中国企业会计准则体系: 架构、趋同与等效［J］. 会计研究, 2007（3）: 2 - 8.

［50］娄芳, 李玉博, 原红旗. 新会计准则对现金股利和会计盈余关系影响的研究［J］. 管理世界, 2013（1）: 122 - 132.

［51］陆正飞, 张会丽. 会计准则变革与子公司盈余信息的决策有用性——来自中国资本市场的经验证据［J］. 会计研究, 2009（5）: 20 - 28 + 96.

［52］路晓燕, 魏明海. 会计准则的国际趋同与等效: 中国的角色和贡献［J］. 当代财经, 2009（11）: 110 - 117.

［53］吕长江, 巩娜. 股权激励会计处理及其经济后果分析——以伊利股份为例［J］. 会计研究, 2009（5）: 53 - 61.

［54］马玲玲. 会计准则在企业应用过程中存在问题研究［J］. 商讯, 2021（32）: 37 - 39.

［55］毛新述, 戴德明. 会计制度变迁与盈余稳健性: 一项理论分析［J］. 会计研究, 2008（9）: 26 - 32 + 95.

［56］毛新述, 戴德明. 会计制度改革、盈余稳健性与盈余管理［J］. 会计研究, 2009（12）: 38 - 46 + 96.

［57］毛新述, 余德慧. 会计准则趋同、海外并购与投资效率［J］. 财贸经济, 2013（12）: 68 - 76.

［58］卜君, 孙光国. 会计准则运行主体及其互动机制研究［J］. 会计研究, 2017（8）: 3 - 11 + 94.

［59］潘琰, 陈凌云, 林丽花. 会计准则的信息含量: 中国会计准则与IFRS 之比较［J］. 会计研究, 2003（7）: 7 - 15 + 65.

［60］戚艳霞, 张娟, 赵建勇. 我国政府会计准则体系的构建——基于我国政府环境和国际经验借鉴的研究［J］. 会计研究, 2010（8）: 69 - 75 + 96.

［61］漆江娜, 罗佳. 会计准则变迁对会计信息价值相关性的影响研究——来自中国证券市场 1993 - 2007 的经验证据［J］. 当代财经, 2009（5）: 103 - 109.

［62］曲晓辉，陈瑜．会计准则国际发展的利益关系分析［J］．会计研究，2003（1）：45－51＋65．

［63］曲晓辉，李明辉．论会计准则的法律地位［J］．会计研究，2004（5）：20－24＋97．

［64］任永平，周丙乾．印度会计准则国际趋同研究［J］．财会通讯，2019（13）：114－118．

［65］沈烈，张西萍．新会计准则与盈余管理［J］．会计研究，2007（2）：52－58．

［66］宋慧悦，胡本源，郭芮佳．适应"一带一路"发展的会计准则等效机制研究［J］．会计之友，2016（13）：15－17．

［67］宋璐．中国会计准则国际趋同研究［D］．重庆：四川外国语大学，2016．

［68］宋淇瑜．会计准则国际趋同背景下的中国思考［J］．大众标准化，2021（14）：258－260．

［69］孙世敏，董馨格．会计准则变革和非经常性损益与盈余管理［J］．财经问题研究，2020（11）：118－126．

［70］田小娟．会计准则国际趋同对企业投融资互动决策的影响研究［D］．重庆：四川外国语大学，2020．

［71］汪祥耀，邓川．主权国家会计准则与国际财务报告准则趋同的经验及启示——以澳大利亚为例［J］．会计研究，2005（1）：25－29＋94．

［72］汪祥耀，叶正虹．执行新会计准则是否降低了股权资本成本——基于我国资本市场的经验证据［J］．中国工业经济，2011（3）：119－128．

［73］王桂花．会计稳健性、企业投资效率与企业价值——来自中国上市公司的经验证据［J］．山西财经大学学报，2015，37（4）：115－124．

［74］王华，刘晓华．中国会计准则国际协调效果的实证研究［J］．中央财经大学学报，2007（12）：90－96．

［75］王乐锦．我国新会计准则中公允价值的运用：意义与特征［J］．会计研究，2006（5）：31－35＋95．

［76］王亮亮，王跃堂，杨志进．会计准则国际趋同、研究开发支出及

其经济后果 [J]. 财经研究, 2012, 38 (2): 49 - 60.

[77] 王晓庆. 税收规避与企业投资行为的关系研究 [D]. 重庆: 四川外国语大学, 2018.

[78] 王玉涛, 韦程元. 会计准则性质、变革特征与投资者市场反应 [J]. 会计研究, 2020 (10): 31 - 49.

[79] 王跃堂, 孙铮, 陈世敏. 会计改革与会计信息质量——来自中国证券市场的经验证据 [J]. 会计研究, 2001 (7): 16 - 26 + 65.

[80] 魏明海. 会计信息质量经验研究的完善与运用 [J]. 会计研究, 2005 (3): 28 - 35 + 93.

[81] 吴克平, 于富生. 新会计准则对盈余管理影响的实证研究 [J]. 山西财经大学学报, 2013, 35 (2): 107 - 115.

[82] 吴宇, 詹丽. 中美会计准则制定模式比较研究 [J]. 大庆师范学院学报, 2019, 39 (6): 113 - 119.

[83] 谢德仁. 会计准则、资本市场监管规则与盈余管理之遏制: 来自上市公司债务重组的经验证据 [J]. 会计研究, 2011 (3): 19 - 26 + 94.

[84] 徐宁. 会计准则国际趋同、投资者保护与企业盈余质量 [J]. 财会通讯, 2019 (3): 42 - 46.

[85] 徐新鹏, 王德凡, 尹新哲. 会计准则变迁、准则执行环境与薪酬契约有效性 [J]. 管理工程学报, 2019, 33 (2): 110 - 119.

[86] 薛爽, 赵立新, 肖泽忠, 等. 会计准则国际趋同是否提高了会计信息的价值相关性?——基于新老会计准则的比较研究 [J]. 财贸经济, 2008 (9): 62 - 67.

[87] 闫华红, 张明. 准则变更、盈余质量与资本成本关系研究 [J]. 财政研究, 2012 (9): 78 - 81.

[88] 杨敏, 陆建桥, 徐华新. 当前国际会计趋同形势和我国企业会计准则国际趋同的策略选择 [J]. 会计研究, 2011 (10): 9 - 15 + 96.

[89] 杨敏. 会计准则国际趋同的最新进展与我国的应对举措 [J]. 会计研究, 2011 (9): 3 - 8.

[90] 叶建芳, 周兰, 李丹蒙, 等. 管理层动机、会计政策选择与盈余

管理——基于新会计准则下上市公司金融资产分类的实证研究［J］. 会计研究，2009（3）：25 – 30 + 94.

［91］易童霖. 国内外会计准则新变化及存在的问题与对策研究［J］. 企业改革与管理，2021（22）：129 – 130.

［92］易阳，戴丹苗，彭维瀚. 会计准则趋同、制度环境与财务报告可比性——基于 A 股与 H 股、港股比较的经验证据［J］. 会计研究，2017（7）：26 – 32 + 96.

［93］于悦. 会计准则变革、盈余管理迎合与分析师盈余预测偏误［J］. 山西财经大学学报，2016，38（7）：100 – 112.

［94］于朱婧. 新会计准则引入公允价值计量属性所面临的挑战与对策建议［J］. 市场周刊. 理论研究，2006（8）：60 – 62.

［95］袁知柱，吴粒. 会计信息可比性研究评述及未来展望［J］. 会计研究，2012（9）：9 – 15 + 96.

［96］原红旗等. 新会计准则与会计盈余的债务合约有用性［J］. 中国会计与财务研究，2013（1）：80 – 135.

［97］张博，庄汶资，袁红柳. 新会计准则实施与资本结构优化调整［J］. 会计研究，2018（11）：21 – 27.

［98］张美珊. 论会计准则变革对企业经营的影响［J］. 全国流通经济，2022（20）：160 – 162.

［99］张先治，崔莹. 会计准则变革对企业投资行为的影响研究——基于资本经营视角［J］. 财经问题研究，2015（11）：77 – 84.

［100］张先治，傅荣，贾兴飞，等. 会计准则变革对企业理念与行为影响的多视角分析［J］. 会计研究，2014（6）：31 – 39 + 96.

［101］张先治，林晓丹，贾兴飞. 会计准则变革对企业经营机制的影响研究［J］. 会计之友，2014（32）：97 – 101.

［102］张先治，晏超. 会计准则变革的非预期效应理论框架构建［J］. 会计研究，2015（2）：3 – 12 + 93.

［103］张先治，晏超. 会计准则变革、资本成本与企业投资行为——基于资本资产定价模型的理论分析［J］. 管理评论，2018，30（4）：206 – 218.

［104］张先治，于悦．会计准则变革、企业财务行为与经济发展的传导效应和循环机理［J］．会计研究，2013（10）：3－12＋96．

［105］张潇尹．中国会计准则国际趋同目的之等效性研究［J］．上海商业，2022（3）：116－118．

［106］张志宏，胡公瑾．会计准则执行与企业金融化：抑制或推动［J］．金融经济学研究，2022，37（2）：71－92．

［107］郑伟尤，高洁和陆强．新会计准则、盈余透明度与资本成本［J］．经济与管理研究，2014（5）：118－128．

［108］周芳，张先治．会计准则变革对跨国直接投资的影响——以我国对外直接投资和外商直接投资为例［J］．财经论丛，2018（11）：64－73．

［109］周芳．会计准则变革对 QFII 投资的影响研究——基于会计准则可比性的视角［J］．山西财经大学学报，2015，37（12）：103－112．

［110］周卉玲．会计准则差异对中国对外直接投资的影响研究［D］．重庆：四川外国语大学，2020．

［111］周继先．信息共享、银企关系与融资成本——基于中国上市公司货款数据的经验研究［J］．宏观经济研究，2011（11）：83－93．

［112］周庆岩，张建平．现行会计准则下资产减值盈余管理的实证研究［J］．会计之友，2013（11）：42－46．

［113］朱凯，赵旭颖，孙红．会计准则改革、信息准确度与价值相关性——基于中国会计准则改革的经验证据［J］．管理世界，2009（4）：47－54．

［114］祝继高，林安霁，陆正飞．会计准则改革、会计利润信息与银行债务契约［J］．中国会计评论，2011（2）：159－172．

［115］祝继高，张新民，王珏．会计准则改革与会计信息决策有用性——基于利益相关者的视角［J］．国际商务（对外经济贸易大学学报），2012（4）：92－101．

［116］Abdullahi A，Suleiman H A. IFRS Adoption and Reporting Quality：An Assessment of User's Perception in Nigeria［J］．Asian Journal of Economics Business and Accounting，2021：1－9．

[117] Ahmed A S, Neel M, Wang D. Does Mandatory Adoption of IFRS Improve Accounting Quality? Preliminary Evidence [J]. Contemporary Accounting Research, 2014, 30 (4): 1344 – 1372.

[118] Ali Z N, Flayyih H H. International Financial Reporting Standards IFRS and the reasons for its adoption in developing countries: A Literature Review, 2021.

[119] Annita, Florou, Peter, et al. Mandatory IFRS Adoption and Institutional Investment Decisions [J]. Accounting Review, 2012.

[120] Ashbaugh H, Pincus M. Domestic Accounting Standards, International Accounting Standards, and the Predictability of Earnings [J]. Journal of Accounting Research, 2001.

[121] Ball, Ray. International Financial Reporting Standards (IFRS): pros and cons for investors [J]. Accounting & Business Research, 2006, 36 (1): 5 – 27.

[122] Barlev B, Haddad J R. Fair value accounting and the management of the firm [J]. Critical Perspectives on Accounting, 2003 (4): 383 – 415.

[123] Barth M E, Landsman W R, Lang M, et al. Are IFRS-based and US GAAP-based accounting amounts comparable? [J]. Journal of accounting & economics, 2012.

[124] Benhayoun I, Zejjari I. The diffusion of innovations' theory shortfall in accounting standardization research: The case of IFRS for SMEs [J]. Post-Print, 2022.

[125] Biddle G C, G Hilary, et al. How does financial reporting quality relate to investment efficiency? [J]. Journal of Accounting and Economics, 2009 (48): 112 – 131.

[126] Bratton W W. Private Standards, Public Governance: A New Look at the Financial Accounting Standards Board [J]. social science electronic publishing, 2006.

[127] Byard D, Ying L I, Yong Y U. The Effect of Mandatory IFRS Adoption on Financial Analysts' Information Environment [J]. Journal of Accounting

Research, 2011.

[128] Cairns D. The use of fair values in IFRS [J]. European Accounting Review, 2006, 15 (S3): 5 – 22.

[129] Callao S, Jarne J I, J A Laínez. Adoption of IFRS in Spain: Effect on the comparability and relevance of financial reporting [J]. Journal of International Accounting, Auditing and Taxation, 2007, 16 (2): 148 – 178.

[130] Daske H, L Hail, and C Leuz, et al. Adopting a Label: Heterogeneity in the Economic Consequences Around IAS / IFRS Adoptions. Journal of Accounting Research, 2013, 51 (3): 495 – 547.

[131] Defond M L, Hung M, Li S, et al. Does Mandatory IFRS Adoption Affect Crash Risk? [J]. Accounting Review, 2015, 90 (1): 265 – 299.

[132] De Luca F, Phan H T P. Cross-Country Empirical Analysis on IFRS-Based Financial Reports [J]. 2022.

[133] Dinh T, Schultze W. Accounting for R&D on the income statement? Evidence on non-discretionary vs. discretionary R&D capitalization under IFRS in Germany [J]. Journal of International Accounting, Auditing and Taxation, 2022 (46).

[134] Ealyas, D, O'Hara M. Information and the cost of capital [J]. Journal of Finance, 2004 (4): 1553 – 1583.

[135] Ebaid E S. Incorporating International Financial Reporting Standards (IFRS) into Accounting Curricula: Perceptions of Undergraduate Accounting Students in Saudi Universities [J]. Baynoon Centre for Studies and Development, 2021 (2).

[136] Emenyonu E N, Gray S J. EC accounting harmonisation: An empirical study of measurement practices in France, Germany and the UK [J]. Accounting and Business research, 1992, 23 (89): 49 – 58.

[137] Eugene et al. Economic consequences of accounting standards: The lease disclosure rule change [J]. Journal of Accounting & Economics, 1988.

[138] Fox A, Hannah G, Helliar C, et al. The costs and benefits of IFRS implementation in the UK and Italy [J]. Composites Part B: Engineering, 2013,

50 (1): 333 – 343.

[139] Gordon L A, Loeb M P, Zhu W. The impact of IFRS adoption on foreign direct investment [J]. Journal of Accounting and Public Policy, 2012, 31 (4): 374 – 398.

[140] Ho L, Liao Q, Taylor M. Real and Accrual-Based Earnings Management in the Pre-and Post-IFRS Periods: Evidence from China [J]. Journal of International Financial Management & Accounting, 2015, 26 (3): 294 – 335.

[141] Hung M. Accounting standards and value relevance of financial statements: An international analysis [J]. Journal of Accounting and Economics, 2000.

[142] Hu Y, Director D, CBRC. Challenges in coordinating bank supervision regulations with implementation of new accounting standards [J]. China Money, 2010, 6 (2): 1000862.

[143] Jain P. IFRS Implementation in India: Opportunities and Challenges [J]. Metamorphosis A Journal of Management Research, 2011.

[144] Kim J B, Shi H. IFRS reporting, firm-specific information flows, and institutional environments: international evidence [J]. Review of Accounting Studies, 2012, 17 (3): 474 – 517.

[145] Lambert R A, C. Leuz, et al. Information asymmetry, information precision, and the cost of capital [J]. Review of Finance, 2012 (16): 1 – 29.

[146] Leonidas C, Doukakis. The effect of mandatory IFRS adoption on real and accrual-based earnings management activities [J]. Journal of Accounting & Public Policy, 2014.

[147] Leuz C, Verrecchia R E. The Economic Consequences of Increased Disclosure [J]. Journal of Accounting Research, 2000 (38): 91 – 124.

[148] Liang P J. Equilibrium Earnings Management, Incentive Contracts, and Accounting Standards [J]. Contemporary Accounting Research, 2010, 21 (3): 685 – 718.

[149] Llena F, Moneva J M, Hernandez B. Environmental disclosures and compulsory accounting standards: the case of spanish annual reports [J]. Busi-

ness Strategy and the Environment, 2010, 16 (1): 50 – 63.

[150] Melumad N D, Weyns G, Ziv A. Comparing Alternative Hedge Accounting Standards: Shareholders' Perspective [J]. Review of Accounting Studies, 1999, 4 (3): 265 – 292.

[151] Paton W A, Littleton A C. An introduction to corporate accounting standards [J]. accounting review, 1940.

[152] Pelucio-Grecco M C, Geron C, Grecco G B, et al. The effect of IFRS on earnings management in Brazilian non-financial public companies [J]. Emerging Markets Review, 2014 (21): 42 – 66.

[153] Peter R, Demerjian. Accounting standards and debt covenants: Has the "balance sheet approach" led to a decline in the use of balance sheet covenants? [J]. Journal of Accounting & Economics, 2011.

[154] Prather-Kinsey J, Luca F D, Phan H. Improving the global comparability of IFRS-based financial reporting through global enforcement: a proposed organizational dynamic [J]. International Journal of Disclosure and Governance, 2022 (19).

[155] Roca F. The influence of mandatory adoption of IFRS in Argentina on value relevance of accounting information [J]. Journal of Applied Economics, 2021, 24 (1): 154 – 172.

[156] S C Gastón, C F García, Jarne J, et al. IFRS adoption in Spain and the United Kingdom: Effects on accounting numbers and relevance [J]. Advances in Accounting, 2010, 26 (2): 304 – 313.

[157] Sherkulov S, Kamrul H, Indira K, et al. The impact of IFRS adoption on foreign direct investment in CIS [J]. Financial Internet Quarterly (formerly e-Finanse), 2022 (18).

[158] Shima K M, Gordon E A. IFRS and the regulatory environment: The case of U. S. investor allocation choice [J]. Journal of Accounting & Public Policy, 2011, 30 (5): 481 – 500.

[159] Sibel K. The Impact of IFRS on the Value Relevance of Accounting

Information: Evidence from Turkish Firms [J]. International Journal of Economics & Finance, 2013, 5 (4).

[160] Stefano, Cascino, Joachim, et al. What drives the comparability effect of mandatory IFRS adoption? [J]. Review of Accounting Studies, 2015.

[161] Tsalavoutas I, P André, Evans L. The transition to IFRS and the value relevance of financial statements in Greece [J]. The British Accounting Review, 2012, 44 (4): 262 –277.

[162] Tsiklauri-Shengelia Z, Shengelia N, Shengelia R. Some Practical Financial Reporting (IFRS) Assessment Aspects of The Covid –19 Impact on Business [J]. 2021.

[163] Wakil G, Petruska K A. Does mandatory IFRS adoption affect large and small public firms' accounting quality differently? Evidence from Canada [J]. Advances in accounting, 2022 (57).

[164] Wang L. Application of Fair Value in China's New Accounting Standards: The Significance and the Characteristics [J]. Accounting Research, 2006, 57 (6): 1491 –1501.

[165] Yuan J. Differences between domestic accounting standards and IAS: Measurement, determinants and implications [J]. Journal of Accounting and Public Policy, 2007.

[166] Yu G. Accounting Standards and International Portfolio Holdings: Analysis of Cross-border Holdings Following Mandatory Adoption of IFRS. [M]. UMI: ProQuest, 2010.

[167] Zhang, G. Accounting Standards, Cost of Capital, Resource Allocation, and Welfare in a Large Economy. Accounting Review, 2013, 88 (4): 1459 –1488.

后　　记

　　会计准则是各国的"准法律"，对会计主体的会计核算和报告具有强制约束力。随着经济全球化的演进，企业在全球范围内开展跨国经营、跨国融资变得越来越频繁和越来越重要。由此，建立一套适应国际经济发展的会计准则变得尤为紧迫，会计准则国际趋同也因此成为会计改革和实践的一种关键选择与重要指向。在此背景下，作者对会计准则国际趋同及其相应后果进行了关注，期望通过研究为经济管理者改革和市场政策完善提供政策依据。

　　本书从选题、立项、研讨到编写完成整个过程中得到了四川外国语大学科研处、国际金融与贸易学院和国际工商管理学院各位同仁的帮助。该课题研究得到了四川外国语大学科研立项的经费支持，自"会计准则国际趋同对企业融资成本的影响研究"（项目编号：sisu201702）立项起，该项目组成员就积极开展资料收集和编撰工作。在写作过程中，四川外国语大学国际工商管理学院代彬院长和计划财务处连军副处长对本书的写作思路提出了宝贵的意见，并多次参与写作的研讨和指导工作。在此，对他们的参与和支持表示深深的感谢。此外，本书的完成也得到了国际金融与贸易学院林川院长的支持，对此也一并表示感谢。

　　本书在写作过程中，作者努力构建会计准则变革经济后果的理论基础，尝试多种分析思路和研究方法来检验会计准则国际趋同对企业融资活动产生的实际影响，但是最终在研究方法上还是遵循了传统的定量研究方法，通过模型回归的方式来进行实证检验。这种研究方法遵循了实证研究的基本逻辑，符合学术研究的基本规范，但是在创新研究方法方面总归还是有些许遗憾，希望在今后的研究和学习中在创新研究方法上能够有所突破。此外，通过研究，本书认为选择会计准则国际趋同是大势所趋。中国在国际化进程中积极主动选择与国际财务报告准则趋同是顺势而为，目前中国会计准则实现与国际财务报告准则实质性趋同一定程度上扫清了中国企业"走出去"的制度障碍，为中国企业"走出去"创造了有利的制度基础。由此也引发了作者关于未来研究的一些思考，在未来研究中作者希望能够立足国际视野，研究全球会计准则国际趋同对中国企业对外投资行为的影响，尤其是考虑"一带一路"共建国家会计准则国际趋同情况和中国企业对外投资之间的关系，这也是本书研究的出发点之一，希望在本书研究的基础上，能够将研究范围拓展到国际领域，更好地佐证会计准则国际趋同对跨国经济活动的影响。

作　者

2023 年 6 月